UTB **2787**

Eine Arbeitsgemeinschaft der Verlage

Beltz Verlag Weinheim · Basel
Böhlau Verlag Köln · Weimar · Wien
Wilhelm Fink Verlag München
A. Francke Verlag Tübingen · Basel
Haupt Verlag Bern · Stuttgart · Wien
Lucius & Lucius Verlagsgesellschaft Stuttgart
Mohr Siebeck Tübingen
C. F. Müller Verlag Heidelberg
Ernst Reinhardt Verlag München · Basel
Ferdinand Schöningh Verlag Paderborn · München · Wien · Zürich
Eugen Ulmer Verlag Stuttgart
UVK Verlagsgesellschaft Konstanz
Vandenhoeck & Ruprecht Göttingen
vdf Hochschulverlag AG an der ETH Zürich
Verlag Barbara Budrich Opladen · Farmington Hills
Verlag Recht und Wirtschaft Frankfurt am Main
WUV Facultas Wien

Urs Dahinden

Sabina Sturzenegger

Alessia C. Neuroni

Wissenschaftliches Arbeiten
in der Kommunikationswissenschaft

Haupt Verlag

Bern · Stuttgart · Wien

Urs Dahinden, PD Dr. rer. pol., wissenschaftlicher Mitarbeiter am Institut für Publizistikwissenschaft und Medienforschung (IPMZ) der Universität Zürich.

Sabina Sturzenegger, Magister Artium, Redaktorin bei der Aargauer Zeitung.

Alessia C. Neuroni, lic. phil., Assistentin am Institut für Publizistikwissenschaft und Medienforschung (IPMZ) der Universität Zürich.

1. Auflage: 2006

Bibliografische Information der Deutschen Bibliothek
Die Deutsche Bibliothek verzeichnet diese Publikation in der Deutschen Nationalbibliografie; detaillierte bibliografische Daten sind im Internet über ‹http://dnb.ddb.de› abrufbar.

ISBN-10   3-8252-2787-1
ISBN-13   978-3-8252-2787-6

Lektorat: Christoph Gassmann
Satz: Die Werkstatt, Göttingen

Alle Rechte vorbehalten
Copyright © 2006 by Haupt Berne
Jede Art der Vervielfältigung ohne Genehmigung des Verlages ist unzulässig
Printed in Germany

www.haupt.ch

Inhaltsverzeichnis

Abbildungsverzeichnis 9
Tabellenverzeichnis 10
Verzeichnis der Aktivitäten 12
Vorwort 15

1 Einleitung **19**
1.1 Wieso dieses Buch? 19
1.1.1 Wie Sie dieses Buch zusammen mit dem
E-Learning-System benutzen können 20
1.1.2 Inhalt und Aufbau des Kapitels »Einleitung« 22
1.2 Wissenschaft 23
1.2.1 Was ist Wissenschaft? 23
1.2.2 Der Inhalt des Begriffes der Wissenschaft 24
1.3 Publizistik- und Kommunikationswissenschaft 31
1.4 Das wissenschaftliche Arbeiten 36
1.4.1. Wissenschaftlich arbeiten heißt: kritisch sein 36
1.4.2 Die Anforderungen in der Wissenschaft 37
1.4.3 Die Arbeitsschritte in der Wissenschaft 38
1.5 Die Wissenschaft als soziales System 41
1.5.1 Studienplanung und Veranstaltungstypen 41
1.5.2 Zeitmanagement, Motivation, Konzentration
und soziale Aspekte 44
1.6 Zusammenfassung 47
1.6.1 Rekapitulation 47
1.6.2 Evaluation 48

2 Themen und Theorien **49**
2.1 Einleitung 49
2.1.1 Aufbau des Kapitels 50
2.2 Ein Thema finden 51
2.2.1 Die Idee – Quellen für wissenschaftliche Themen 51
2.2.2 Thema analysieren 53
2.2.3 Anforderungen an ein Thema 55
2.3 Die Fragestellung 58

2.3.1	Forschungsstand aufarbeiten	58
2.3.2	Entwickeln der Fragestellung	59
2.3.3	Begriffe definieren	61
2.4	Rahmenbedingungen des Themas	62
2.4.1	Ressourcen richtig einsetzen	62
2.4.2	Stolpersteine vermeiden	64
2.5	Grundlagen der Theoriearbeit in wissenschaftlichen Arbeiten	67
2.6	Theorien anwenden	71
3	**Literaturrecherche**	**73**
3.1	Sinn und Zweck der Literatursuche	73
3.1.1	Wozu dient eine Literaturrecherche?	73
3.1.2	Wie Literatur suchen?	73
3.2	Phase 1: Aufgabe und Thema bestimmen	75
3.3	Phase 2: Welche Literaturformen und -typen suchen?	77
3.3.1	Die Literaturformen	77
3.3.2	Die Literaturtypen	90
3.4	Phase 3: Wie suchen? Strategien und Suchinstrumente	90
3.4.1	Suchstrategien	90
3.4.2	Suchinstrumente	92
3.5	Phase 4: Wo finden?	98
3.5.1	Der Fundort Bibliothek	98
3.5.2	Fundorte außerhalb der Bibliothek	99
3.6	Phase 5: Wie auswählen und bewerten? Qualitätskontrolle und Bewertung	101
3.6.1	Die Kriterien der Wissenschaftlichkeit	101
3.6.2	Relevanz und Aktualität einer wissenschaftlichen Quelle	104
3.7	Phase 6: Wie dokumentieren? Annotierte Literaturliste und Literaturverzeichnis	105
3.7.1	Annotierte Literaturliste	105
3.7.2	Literaturverzeichnis	107
3.8	Zusammenfassung: Vertiefung und Übungen	108

4 Lesen ... 111
- 4.1 Wieso lesen? ... 111
- 4.2 Vor dem Lesen: Die Lesevorbereitung ... 112
- 4.2.1 Was lesen? ... 112
- 4.2.2 Wie intensiv lesen? ... 113
- 4.3 Während des Lesens: Verschiedene Intensitätsstufen ... 114
- 4.3.1 Intensitätsstufe I: Kursorisches Lesen ... 114
- 4.3.2 Intensitätsstufe II: Selektives Lesen ... 116
- 4.3.3 Intensitätsstufe III: Studierendes Lesen ... 118
- 4.4 Gelesenes festhalten ... 123
- 4.4.1 Das Gelesene festhalten ... 123
- 4.4.2 Bilanz ziehen ... 127
- 4.5 Fragen an den Text ... 129

5 Schreiben ... 131
- 5.1 Schreiben als Erkenntnisprozess ... 131
- 5.1.1 Gewinnen, Strukturieren und Dokumentieren von Wissen ... 131
- 5.1.2 Wozu sind wissenschaftliche Texte gut? ... 133
- 5.2 Standards wissenschaftlicher Texte ... 134
- 5.2.1 Aussageformen des wissenschaftlichen Schreibens ... 135
- 5.2.2 Die Grundformen des wissenschaftlichen Schreibens ... 136
- 5.2.3 Die unterschiedlichen Typen von wissenschaftlichen Arbeiten ... 138
- 5.2.4 Ansprüche an die Wissenschaftlichkeit ... 140
- 5.3 Schreibprozess vorbereiten ... 144
- 5.4 Material strukturieren ... 147
- 5.4.1 Material strukturieren ... 147
- 5.4.2 Die Elemente der wissenschaftlichen Arbeit ... 151
- 5.5 Thema darstellen – Rohfassung und Endfassung ... 156
- 5.5.1 Rohfassung ... 156
- 5.5.2 Überarbeitung und Endfassung ... 157
- 5.6 Richtig zitieren ... 159
- 5.7 Richtig formulieren ... 163
- 5.8 Zusammenfassung ... 165

6	**Reden und Präsentieren**	**167**
6.1	Einleitung	167
6.1.1	Eine Rede ist keine Schreibe	167
6.1.2	Aufbau des Kapitels	168
6.1.3	Arbeitsschritte des wissenschaftlichen Vortrages	168
6.2	Grundlagen des Präsentierens	170
6.2.1	Klar und einfach reden	170
6.2.2	Strukturieren einer Präsentation	172
6.2.3	An die Zuhörenden denken	173
6.3	Vortrags- und Präsentationstechniken	176
6.3.1	Vorlesen oder frei sprechen?	176
6.3.2	Den letzten Schliff geben	179
6.4	Visualisierungsmedien und -techniken	180
6.4.1	Visualisierung und Aufnahmefähigkeit	180
6.4.2	Weshalb visualisieren?	181
6.4.3	Was visualisieren?	181
6.4.4	Wie visualisieren?	182
6.5	Die »Bühnensituation«	186
6.6	Rhetorik und Diskussionen	189
6.7	Zusammenfassung und Tipps	190
	Sachregister	197

Abbildungsverzeichnis

Abbildung 1-1: Die Wissenschaft........................... 23
Abbildung 1-2: Lehr- und Forschungsfeld der Publizistik-
 und Kommunikationswissenschaft............ 33
Abbildung 1-3: Facetten der (Massen-)Kommunikations-,
 Medien- und Publizistikwissenschaft.......... 34
Abbildung 1-4: Der Arbeitsprozess in der Wissenschaft........ 39
Abbildung 2-1: Fragen bei der Themen- und Theoriesuche..... 49
Abbildung 3-1: Die wissenschaftliche Literaturrecherche....... 74
Abbildung 4-1: Mindmap zur Struktur dieses Kapitels......... 125
Abbildung 4-2: Flussdiagramm zum Prozess des Lesens........ 125
Abbildung 5-1: Der Prozess des wissenschaftlichen Schreibens.. 132

Tabellenverzeichnis

Tabelle 1-1: Überblick über den Aufbau von Kapitel 1 22
Tabelle 1-2: Vergleich zweier Definitionen von Wissenschaft 25
Tabelle 1-3: Alltagswissen vs. wissenschaftliches Wissen 26
Tabelle 1-4: Ansprüche an die Wissenschaftlichkeit 38
Tabelle 1-5: Überblick über die einzelnen Teilschritte
des wissenschaftlichen Arbeitens 40
Tabelle 1-6: Typen universitärer Lehrveranstaltungen 43
Tabelle 2-1: Aufbau des Kapitels »Themen und Theorien« 50
Tabelle 2-2: Chancen und Risiken bei der Themenwahl 63
Tabelle 2-3: Zeitplan für wissenschaftliche Arbeit 64
Tabelle 2-4: Nutzen und Schaden von Selbständigkeit
und Originalität 65
Tabelle 3-1: Systematik der Buchformen 78
Tabelle 3-2: Zahlen- und Faktensammlungen für
Deutschland, Österreich und die Schweiz 88
Tabelle 3-3: Wissenschaftliche Textformen und deren
Charakteristika 89
Tabelle 3-4: Primär- und Sekundärliteratur 90
Tabelle 3-5: Fragen zur Wissenschaftlichkeit eines Textes 102
Tabelle 4-1: Intensitätsstufen des Lesens 113
Tabelle 4-2: Aufmerksamkeitsgrade beim kursorischen
Lesen eines Textes 115
Tabelle 4-3: Fragen an den Text 115
Tabelle 4-4: Allgemeines Gliederungsschema für
wissenschaftliche Texte 117
Tabelle 4-5: Gliederungsschema für empirische
wissenschaftliche Texte 118
Tabelle 4-6: Vergleich der zwei Grundhaltungen beim
studierenden Lesen 120
Tabelle 4-7: Kommentierende Lesezeichen und ihre Bedeutung . 121
Tabelle 4-8: Spezifische Fragen: Was will ich von einem Text
wissen? Sinnvolle W-Fragen 122
Tabelle 4-9: Zitat und Paraphrasierung als unterschiedliche
Formen von Exzerpten 126

Tabellenverzeichnis

Tabelle 4-10: Bilanzfragen zum Rück- und Ausblick nach dem Lesen eines Textes 128
Tabelle 4-11: Zusammenstellung sinnvoller Fragen beim Lesen in Abhängigkeit von Lesephase 129
Tabelle 5-1: Grundformen des Schreibens 136
Tabelle 5-2: Ansprüche an die Wissenschaftlichkeit 143
Tabelle 5-3: Vorbereitungsfragen für wissenschaftliche Arbeiten . 145
Tabelle 5-4: Checkliste zum Exposé 150
Tabelle 5-5: Checkliste: Erfüllt Ihre Arbeit die folgenden Kriterien? 158
Tabelle 5-6: Drei Formen von Zitaten 160
Tabelle 6-1: Aufbau des Kapitels Reden und Präsentieren 168
Tabelle 6-2: Arbeitsschritte des wissenschaftlichen Vortrages 169
Tabelle 6-3: Einige Tipps zum verständlich und einfach Reden .. 171
Tabelle 6-4: Gliederung einer Präsentation 172
Tabelle 6-5: Zuhörer- und Situationsanalyse 174
Tabelle 6-6: Vorteile von ausformuliertem Manuskript und Stichwortmanuskript 178
Tabelle 6-7: Erinnerungsvermögen 180
Tabelle 6-8: Prinzipien der Visualisierung 181
Tabelle 6-9: Vor- und Nachteile von Wandtafel oder Whiteboard 182
Tabelle 6-10: Vor- und Nachteile von Flip-Chart 183
Tabelle 6-11: Vor- und Nachteile von Hellraumprojektoren 183
Tabelle 6-12: Vor- und Nachteile von Beamern 184
Tabelle 6-13: Lösungen für Probleme während des Referierens .. 188
Tabelle 6-14: Checkliste für Referate 193

Verzeichnis der Aktivitäten

Aktivität 1-1: Was ist Publizistik- und
  Kommunikationswissenschaft?................. 34
Aktivität 1-2: Das Interessante am wissenschaftlichen Arbeiten.. 36
Aktivität 1-3: Kritisches Denken 37
Aktivität 1-4: Selbsteinschätzung, Wissens-Check 48
Aktivität 2-1: Themenidee aufschreiben 53
Aktivität 2-2: Phasen der Themenanalyse 54
Aktivität 2-3: Begriffsliste zu Thema erstellen 57
Aktivität 2-4: Zeitplan erstellen 63
Aktivität 2-5: Klappentext schreiben 66
Aktivität 2-6: Metatheorien 69
Aktivität 2-7: Sozialwissenschaftliche Basistheorien der
  Publizistik- und Kommunikationswissenschaft ... 69
Aktivität 2-8: Hilfestellung bei der Theoriewahl 70
Aktivität 2-9: Abstract schreiben 72
Aktivität 3-1: Begriffe der Literaturrecherche 73
Aktivität 3-2: Systematik und Aktualität der Buchformen 77
Aktivität 3-3: Literaturformen 89
Aktivität 3-4: Literaturtypen (Primär- und Sekundärliteratur) .. 90
Aktivität 3-5: Elektronische Fachzeitschriften an Ihrer
  Universität 97
Aktivität 3-6: Vorstellen des Bibliothekssystems 99
Aktivität 3-7: Bibliothekserfahrung: Eine Studentin erzählt 101
Aktivität 3-8: Informationen aus dem Internet – Qualität oder
  Schrott? 103
Aktivität 3-9: Wissenschaftlichkeit einer Quelle prüfen 103
Aktivität 3-10: Literaturliste vervollständigen 108
Aktivität 3-11: Wissens-Check zur Literaturrecherche 109
Aktivität 4-1: Überwindung von Lesebarrieren 112
Aktivität 4-2: Kursorisches Lesen 116
Aktivität 4-3: Selektives Lesen 118
Aktivität 4-4: Studierendes Lesen 122
Aktivität 4-5: Fragen beim Lesen 130
Aktivität 5-1: Zum Sinn von schriftlichen Arbeiten 133

Verzeichnis der Aktivitäten

Aktivität 5-2: Wissens-Check: Standards wissenschaftlicher
  Texte 134
Aktivität 5-3: Lesen und Notizen machen 135
Aktivität 5-4: Fragen zum gelesenen Text 137
Aktivität 5-5: Wissenschaftliche Unzulänglichkeit 144
Aktivität 5-6: Wissens-Check zu Kriterien der
  Wissenschaftlichkeit 144
Aktivität 5-7: Häufige Fehler bei wissenschaftlichen Arbeiten ... 146
Aktivität 5-8: Elemente einer wissenschaftlichen Arbeit 153
Aktivität 5-9: Erstellen einer Gliederung 156
Aktivität 5-10: Probleme bewältigen 166
Aktivität 6-1: Einfach sprechen 172
Aktivität 6-2: Herstellung eines Stichwortmanuskriptes 179
Aktivität 6-3: Visualisieren 185

Vorwort

Ein erfolgreiches Studium benötigt neben vielem anderem auch solide Kenntnisse der wissenschaftlichen Arbeitstechniken. Studierende sind dabei mit einer Reihe von Fragen konfrontiert: Wie finde ich ein Thema und wie bearbeite ich es? Wo gibt es die relevante wissenschaftliche Literatur dazu? Wie erschliesse ich mir und wie verarbeite ich wissenschaftliche Literatur? Worauf ist beim wissenschaftlichen Schreiben zu achten? Und wie mache ich in der Übung oder im Seminar eine überzeugende mündliche Präsentation? Alle diese Fragen und die dazugehörigen Arbeitstechniken werden in diesem Buch systematisch behandelt.

Einführungen in das wissenschaftliche Arbeiten gibt es relativ viele. Wo also liegen die Besonderheiten dieses Einführungsbandes?

Erstens ist er als fachspezifische Einführung für Studierende der Publizistik- und Kommunikationswissenschaft entwickelt worden. Im Gegensatz zu allgemein gehaltenen Einführungswerken in das wissenschaftliche Arbeiten hat eine fachspezifische Einführung den Vorteil, dass die Arbeitstechniken nicht abstrakt oder mit Beispielen von anderen Disziplinen erläutert werden, sondern dass direkt Bezug genommen werden kann auf Themen, Theorien, Ansätze oder Autoren, die innerhalb des Faches Publizistik- und Kommunikationswissenschaft von Bedeutung sind. Durch diesen fachspezifischen sozialwissenschaftlichen Zugang wird die Identifikation mit den vermittelten Inhalten erleichtert und – so hoffen wir – auch die Lernmotivation erhöht.

Zweitens steht dieses Buch nicht allein da, sondern die Printfassung wird ergänzt mit einem am Zürcher IPMZ – Institut für Publizistikwissenschaft und Medienforschung entwickelten E-Learning-System, zu dem alle Käufer des Buches spezifischen Zugang haben. Die Inhalte des Buches und der elektronischen Lernmaterialien sind dabei aufeinander abgestimmt, so dass die Studierenden von den unterschiedlichen Stärken der Lernmedien profitieren können. Die Zugangsinformationen zum E-Learning-System DIGIREP sind im Einleitungskapitel angegeben.

Drittens – und das ist kein Selbstverständlichkeit – haben sich die hier vermittelten Inhalte bereits in der Praxis der universitären Lehre bewährt: Die vorliegenden Lernmaterialien werden in Zürich bereits während mehrerer Jahre in der Lehrveranstaltung zur Einführung in das wissenschaftliche Arbeiten erfolgreich eingesetzt. Das Lehrmaterial wurde also evaluiert. Damit nun dieses zunächst und vorrangig für die Lehr- und Lernbedürfnisse in Zürich entwickelte Buch auch an anderen Universitäten sinnvoll verwendet werden kann, wurden für diese Publikation alle ortsspezifischen Informationen durch allgemeine Hinweise ersetzt, die für alle interessierten Studierenden des Faches im gesamten deutschsprachigen Raum sowohl zugänglich als auch von Interesse sind.

Viertens soll dieses Buch nicht nur als Einführung für Studienanfänger dienen, sondern auch zur Repetition und zum Nachschlagen in späteren Studienphasen. Diesem Zweck dient insbesondere das Sachregister am Schluss des Buches.

Zur Entstehung und Weiterentwicklung dieses Werkes haben eine Reihe von Institutionen und Personen beigetragen, denen ich an dieser Stelle danken möchte: Das Ausgangsprojekt »SYWAP Lernsystem zur Einführung in das wissenschaftliche Arbeiten in der Publizistikwissenschaft« wurde in den Jahren 2002 bis 2004 von der Universität Zürich finanziell gefördert. Das Nachfolgeprojekt DIGIREP »Digital Repository of Shareable Objects Introducing to Communication and Media Studies« erhielt im Zeitraum von 2004 bis 2006 Unterstützung vom Swiss Virtual Campus (SVC) und auch weiterhin von der Universität Zürich. Ich habe den genannten Institutionen sehr herzlich für die grosszügige und andauernde Förderung im Bereich des E-Learning zu danken: Ohne diese anhaltende Förderung wäre auch die Publikation des vorliegenden Bandes nicht möglich gewesen.

Zu danken habe ich auch den am Projekt beteiligten wissenschaftlichen Mitarbeiterinnen und Mitarbeitern am Projekt SYWAP, zuerst und zunächst Sabina Sturzenegger, M.A., die das Projekt federführend betreute. Als Autorinnen und Autoren haben lic. phil. Alessia C. Neuroni (Kapitel 1, 3 und 6), Sabina Sturzenegger, M.A. (Kapitel 2, 3 und 5) und PD Dr. Urs Dahinden (Kapitel 4) die Texte für dieses Buch und die Übungen für das E-Learningsystem erstellt. Einen wesentlichen Anteil am guten Gelingen des gesamten E-Learningprojekts hatten die beiden operativen Projektleiter lic. phil. Luzius Meyer-Kurmann und lic. phil. Katja Berger, die zu Beginn des Jahres 2006 die Gesamtleitung übernahm. Und schliesslich ist auch dem Verlag und seinen Lektoren (Christoph Gassmann, Petra Hauri) für die gute Zusammenarbeit zu danken. Christoph Gassmann hat sich von Beginn für dieses Projekt interessiert und es wohlwollend und kritisch begleitet.

Alle Leserinnen und Leser wie auch Nutzerinnen und Nutzer des E-Learningsystems sind herzlich eingeladen, uns Erfahrungen zu berichten und kritische Hinweise mitzuteilen.

Prof. Dr. Otfried Jarren
Direktor IPMZ- Institut für Publizistikwissenschaft und Medienforschung der Universität Zürich sowie Gesamtleiter der E-Learning-Projekte »SYWAP – Lernsystem zur Einführung in das wissenschaftliche Arbeiten in der Publizistikwissenschaft« und »DIGIREP Digital Repository of Shareable Objects Introducing to Communication and Media Studies«

Zürich, im April 2006

1 Einleitung

1.1 Wieso dieses Buch?

Willkommen in der Wissenschaft! Sie sind mit dem Beginn Ihres Studiums eingetreten in eine Welt, die teilweise über eigene Arbeits- und Denkweisen verfügt. Je früher und je besser Sie die Grundzüge des wissenschaftlichen Arbeitens kennen, desto erfolgreicher werden Sie an der Universität studieren und auch Freude haben, wissenschaftlich zu arbeiten. Dazu soll Ihnen dieses Buch zusammen mit dem dazugehörigen E-Learning-System eine Hilfestellung bieten.

An der Universität zu studieren heißt einerseits, Wissen zu erwerben und in diesem Sinne »etwas zu lernen«. Andererseits heißt es aber auch, Wissen zu generieren, also bestimmte Gegebenheiten zu erforschen und die Resultate und Ergebnisse anderen Interessierten zugänglich zu machen. Wissen zu erwerben und gleichzeitig neue Erkenntnisse herzustellen – daraus besteht der Prozess des wissenschaftlichen Arbeitens, und darum geht es in diesem Buch.

Der Prozess des wissenschaftlichen Arbeitens ist das »Handwerk«, das auch jedem Denkprozess in der Wissenschaft zugrunde liegt. Je früher Sie sich dieses Handwerk aneignen, desto leichter wird es Ihnen später – wenn Sie zum Beispiel vor Ihrer Lizentiats-, Diplom- oder Magisterarbeit stehen – fallen, diese Arbeit zu meistern.

Wie der wissenschaftliche Prozess aufgebaut ist, woraus er besteht und wie er »angewendet« wird, werden Sie in den Kapiteln dieses Buches erfahren. Der Prozess des wissenschaftlichen Arbeitens kann nämlich in seinen einzelnen Schritten erklärt und systematisch dargestellt werden. In diesem Buch können Sie die Grundzüge und die Anwendung des wissenschaftlichen Arbeitens – insbesondere in der Kommunikations- und Publizistikwissenschaft – erlernen und in den begleitenden Übungen im E-Learning-System üben.

Dieses Buch ist ein Folgeprojekt des E-Learning-Projekts *Sywap Einführung in das wissenschaftliche Arbeiten in der Publizistikwissenschaft*, das von der Universität Zürich finanziert und an dieser Hochschule vom Institut für Publizistikwissenschaft und Medienforschung realisiert wurde. Die Autorinnen und Autoren des E-Learning-Instruments sind auch die Autorinnen und Autoren des Buches. Die in elektronischer Form zu Verfügung stehenden Lernmaterialien wurden in

Zürich bereits während mehrerer Semester in der Praxis der universitären Lehre erfolgreich eingesetzt.

1.1.1 Wie Sie dieses Buch zusammen mit dem E-Learning-System benutzen können

Sie haben mit dem Kauf dieses Werkes nicht nur ein Buch erworben, sondern gleichzeitig auch den Zugang zum begleitenden E-Learning-System. Die Inhalte des Buches und der elektronischen Lernmaterialien sind präzise aufeinander abgestimmt, so dass Sie von den unterschiedlichen Stärken der verwendeten Lernmedien profitieren können. Diese Verbindung von unterschiedlichen Lernmedien (Print, Computer) wird als »Blended Learning« (THORNE 2003) bezeichnet und hat gegenüber monomedialen Angeboten den Vorteil, eher ein didaktisches Optimum bieten zu können.

Während das Buch als Grundlage in die Thematik einführt, bieten die elektronischen Lernmaterialien Vertiefungen, Ergänzungen und Möglichkeiten zur interaktiven Anwendung des Gelernten. Innerhalb des E-Learning-Systems lassen sich die folgenden Typen von elektronischen Lernmaterialien unterscheiden, auf die im Buch jeweils durch eigene Piktogramme hingewiesen wird:

- Online

- Sprechen

- Hinweise (Linksammlungen, nützliche Tipps und weiterführende Literatur)

- Wissens-Check (interaktiv)

- Übungen zum Selbststudium

- Filme

- Vertiefungstexte zum Herunterladen

Wieso dieses Buch?

Hier finden Sie den Zugang zum E-Learning-System:
- URL: http://www.digirep.unizh.ch/de/learning/courses.htm
- Benutzername: wissa
- Passwort: basis

In welcher Kombination und Reihenfolge sollen nun die unterschiedlichen Lernmedien Buch und E-Learning-System benutzt werden? Wir empfehlen Studienanfängerinnen und -anfängern, zuerst die relevanten Kapitel und Abschnitte im Buch zu lesen und daran anschließend die elektronischen Lernmaterialien zu benutzen. Die Kapitel sind zwar inhaltlich voneinander unabhängig. Die gewählte Reihenfolge orientiert sich aber am wissenschaftlichen Arbeitsprozess und ist deshalb auch als Empfehlung für Studienanfänger gedacht, die Kapitel in der gegebenen Reihenfolge durchzuarbeiten.

Für fortgeschrittene Studierende, die das Buch auch zu Repetitionszwecken einsetzen möchten, empfiehlt sich eine selektivere Nutzung, bei der einzelne Kapitel oder auch elektronische Lernmaterialien gezielt ausgewählt werden, entsprechend den individuellen Lernbedürfnissen. Damit eine solch selektive Nutzung möglichst einfach erfolgen kann, haben wir am Ende des Buches ein Stichwortverzeichnis beigefügt und das E-Learning-System mit Suchfunktionen versehen.

1.1.2 Inhalt und Aufbau des Kapitels »Einleitung«

In diesem Einleitungskapitel geben wir Ihnen einen ersten Überblick über die Grundlagen und Voraussetzungen für das wissenschaftliche Arbeiten, zugeschnitten auf das Publizistikstudium. Es dient als Vorbereitung auf die folgenden fünf Kapitel, in welchen Sie detailliertere Kenntnisse über die Vorgehensweisen und Arbeitsinstrumente in der Wissenschaft erwerben.

Das Einleitungskapitel hat drei Schwerpunkte:

Tabelle 1-1
Überblick über den Aufbau von Kapitel 1

Begriffe klären	Sie lernen, was unter Wissenschaft und Wissenschaftlichkeit verstanden wird und wie die Publizistik- und Kommunikationswissenschaft in das System der Wissenschaften üblicherweise eingeordnet wird.
Überblick gewinnen	Sie gewinnen einen ersten Überblick über den Vorgang des wissenschaftlichen Arbeitens und über die wichtigsten Schritte wissenschaftlichen Arbeitens.
Hilfestellungen anbieten	Sie erfahren, wie wissenschaftlich gearbeitet wird. Sie erhalten praktische und notwendige Hinweise für das Studium allgemein und für das Studium der Publizistik- und Kommunikationswissenschaft im Speziellen.

Hinweis
Um das Kapitel mit den Übungen vollständig durchzuarbeiten, werden Sie etwa drei Stunden benötigen. Sie können das Kapitel aber in zwei Blöcke aufteilen – wir empfehlen dies sogar, da beim Lernen nach anderthalb Stunden Aufnahmefähigkeit und Konzentration stark abnehmen.

1.2 Wissenschaft

1.2.1 Was ist Wissenschaft?

Abbildung 1-1
Die Wissenschaft: Darstellung aus der Iconologia von Cesare Ripa (1767) (Quelle: HUMI 2000)

Die Frage »Was ist Wissenschaft?« mag auf den ersten Blick trivial erscheinen. Sie ist jedoch nicht so einfach zu beantworten. Es gibt viele verschiedene Definitionen für den Begriff der Wissenschaft, und keine ist die einzig richtige.

Um sich einem Begriff wie dem der Wissenschaft anzunähern, ist es daher sinnvoll, sich einige der Definitionen anzusehen und sie zu vergleichen und zu beurteilen. Im folgenden Lernschritt erfahren Sie, welches die Möglichkeiten sind, wie man einen Begriff wie den der Wissenschaft erschließen kann:

1.2.2 Der Inhalt des Begriffes der Wissenschaft

Schauen wir zunächst, wie der Begriff »Wissenschaft« in einem Lexikon bestimmt wird:

Der Inbegriff des durch Forschung, Lehre und überlieferte Literatur gebildeten, geordneten und begründeten, für gesichert erachteten Wissens einer Zeit; auch die für seinen Erwerb typische methodisch-systematische Forschungs- und Erkenntnisarbeit sowie ihr organisatorisch-institutioneller Rahmen.

Hauptziel der W. ist die rationale, nachvollziehbare Erkenntnis der Zusammenhänge, Abläufe, Ursachen und Gesetzmäßigkeiten der natürlichen wie der historischen und kulturell geschaffenen Wirklichkeit; neben der Erweiterung des Wissens über die Welt liefern vor allem Naturwissenschaft und Technik die Mittel zu vorausschauender Planung und gezielter Veränderung der Wirklichkeit. Als Hauptmerkmal der Wissenschaft wird (außer im Marxismus) eine von Wertungen, Gefühlen und äußeren Bestimmungsmomenten freie, auf Sachbezogenheit gründende Objektivität angesehen, welche neben dem methodischen Konsens die Verallgemeinerungsfähigkeit und allgemeine Nachprüfbarkeit wissenschaftlicher Aussagen begründet.

(dtv-Lexikon 1997: 120)

Für den Politikwissenschaftler Werner J. PATZELT hat der Wissenschaftsbegriff folgende Komponenten:

Wissenschaft ist jenes menschliche Handeln, das auf die Herstellung solcher Aussagen abzielt, die jenen Aussagen an empirischem und logischem Wahrheitsgehalt überlegen sind, welche schon mittels der Fähigkeiten des gesunden Menschenverstandes (»Common-sense-Kompetenzen«) formuliert werden können.

(PATZELT 1997: 49).

Wissenschaft

	dtv-Lexikon	PATZELT
Was ist Wissenschaft?	durch Forschung, Lehre und überlieferte Literatur gebildetes, geordnetes und begründetes Wissen einer Zeit	menschliches Handeln
Ziele von Wissenschaft	Wissen ordnen und begründen; Erkenntnisse gewinnen und Wissen erweitern; Wirklichkeit planen und verändern	Herstellung von Aussagen
Regeln und Merkmale von Wissenschaft	methodisch-systematisches, organisatorisch-institutionelles Vorgehen	
Objektivität und Verallgemeinerungsfähigkeit sowie Nachprüfbarkeit der Aussagen.	empirische Überprüfbarkeit, logischer Aufbau	

Tabelle 1-2
Vergleich zweier Definitionen von Wissenschaft

Die Gegenüberstellung der beiden Definitionen von Wissenschaft zeigt, dass man den Begriff sehr unterschiedlich definieren kann – je nach Blickwinkel, den man einnimmt.
- Die Definition des *dtv-Lexikons* versucht, möglichst genau die verschiedenen Dimensionen des Wissenschaftsbegriffes zu erklären.
- Werner J. Patzelt dagegen ist bemüht, Wissenschaft zwar als menschliches Handeln – und damit als etwas »ganz Normales« – darzustellen, es aber gleichzeitig vom allgemeinen menschlichen Handeln – dem, was jeder/jede tut – abzugrenzen.

Dies sind also zwei erste Möglichkeiten, einen Begriff wie »Wissenschaft« zu definieren:
1. ausführen und erklären, was damit gemeint ist,
2. erklären, was das Spezifische daran ist.

Die beiden Definitionen versuchten, den bisher abstrakten Begriff der Wissenschaft mit Inhalten zu füllen, und ihn so verständlicher und greifbarer zu machen. Es gibt aber noch weitere Möglichkeiten, einen Begriff wie »Wissenschaft« zu definieren:

Abgrenzung von anderen Begriffen
Eine Einschränkung bei der Definition von PATZELT lautet, dass Aussagen der Wissenschaft denjenigen des »gesunden Menschenverstandes« überlegen sein sollten. Es geht also darum, »allgemeines Wissen« von »wissenschaftlichem Wissen« abzugrenzen. Über das »allgemeine Wissen« verfügt jeder Mensch aufgrund seiner täglichen Erfahrungen, das »wissenschaftliche Wissen« hingegen muss sich auf Beweise stützen (Empirie) und logisch nachvollziehbar sein.

Diese Gegenüberstellung von »Alltagswissen« und »wissenschaftlichem Wissen« nehmen auch Urs DAHINDEN und Walter HÄTTENSCHWILER (2001) vor. Dies ist ebenfalls eine Möglichkeit, einen Begriff zu definieren – dass man ihn einem gegensätzlichen Begriff gegenüberstellt:

Tabelle 1-3
Alltagswissen vs. wissenschaftliches Wissen
(DAHINDEN/ HÄTTENSCHWILER 2001: 493)

		Alltagswissen	Wissenschaftliches Wissen
	Grundlagen	• Weisheitswissen	• an Natur- und Geisteswissenschaften orientiert
	Zugang	• Verknüpfung zwischen Wissen und Person • Voraussetzung: Vertrauen, persönliche Reife, moralische Qualitäten, Bildung der Person	• entscheidende Trennung von Wissen und Person • prinzipiell jedem zugänglich (keine an die Person gebundene Voraussetzungen)
	Erwerb	• Entscheidungs- und Zeitdruck: hoch • subjektiv • Erfahrungswissen: Wissen durch Handeln (»learning by doing«); »Erfahren« = Weitherumgekommen-Sein, Selbsterfahrung • Wissen als Resultat von (zufälliger) Alltagserfahrung	• nur mittel- bis langfristig • intersubjektiv • Erfahrung ist mitteilbar, sinnliche Erfahrung nicht zwingend vorausgesetzt • unter standardisierten Bedingungen gewonnen, Resultat von methodisch kontrolliertem Vorgehen
	Verwendung	• Traditionswissen: Bewahrung von Bräuchen	• innovativ: auf Fortschritt, Veränderung, Paradigmenwechsel ausgerichtet
	Vermittlung	• Alltagssprache oder Handlungsroutinen • Vermittlung erfolgt unsystematisch durch Sozialisation	• Wissenschaftssprache

Durch die Gegenüberstellung der beiden Arten von Wissen, des Alltagswissens und des wissenschaftlichen Wissens, werden einige Unterschiede und damit auch die Abgrenzungen zwischen den beiden Begriffen sichtbar. Dadurch wird der Begriff des wissenschaftlichen Wissens deutlicher erkennbar:

1. **Vermittlung und Erwerb von Wissen:** Das Alltagswissen wird nicht bewusst aufgenommen und ist nicht systematisch geordnet. Man kann dieses Wissen auch als *Lebenserfahrung* bezeichnen. Dieses Wissen wird nicht aus Büchern oder über eine Lehrperson erfahren, sondern beim alltäglichen Handeln. Wissend sind dann meist diejenigen Personen, die viel Lebenserfahrung haben. Das wissenschaftliche Wissen hingegen wird bewusst über Literatur oder über Personen, die dafür verantwortlich sind (Lehrer, Wissenschaftlerinnen, Dozierende usw.), erworben. Wissenschaftliches Wissen wird also systematisch vermittelt.
2. **Bedeutung und Verwendung von Wissen:** Durch alltägliche Handlungen wie Zeitunglesen, Fernsehschauen, Radiohören oder Surfen im Internet eignen wir uns Erfahrungen im Umgang mit diesen Medien an. Dieses Alltagswissen ist zwar eine notwendige Voraussetzung für die wissenschaftliche Auseinandersetzung mit Medien, sie unterscheidet sich jedoch wesentlich von Letzterer: Alltägliches Wissen ist hilfreich bei der Lösung von Alltagsproblemen (z. B. über die Medien erfahren wir, wann die nächsten Wahlen stattfinden). Wissenschaftliches Wissen muss jedoch so strukturiert werden, dass es allgemein gültig und nicht nur auf eine individuelle Handlung bezogen ist. Wissenschaftliches Wissen soll intersubjektiv gültig sein, das heißt, es muss mehr als nur die Werte und Interessen des Forschenden bzw. der Beforschten darstellen (vgl. DAHINDEN/HÄTTENSCHWILER 2001: 491).

Sinn und Zweck von Wissenschaft

Der Sinn der Wissenschaft ist es, Wissen zu erzeugen, zu objektivieren und zu systematisieren und es der Gesellschaft zugänglich und nutzbar zu machen. Anders gesagt: Das Ziel der Wissenschaft ist es, die Schwächen des Alltagswissens zu überwinden. DAHINDEN und HÄTTENSCHWILER lösen das Rätsel »Wieso braucht es Wissenschaft?« mit der Behauptung, dass eine Antwort auf diese Frage auf die Funktion der Wissenschaft selbst verweise:

Sie soll Probleme lösen, Fortschritt ermöglichen, Kommunikation in der Gesellschaft verbessern etc. Demgegenüber stehen die theoretische Natur der Wissenschaft und der damit zusammenhängende Anspruch, Hypothesen und Theorien zu formulieren. Wissenschaft könnte somit allgemein als Erarbeitung von gesellschaftlich nutzbarem Wissen durch Theoriebildung, Forschung und Anwendung ihrer Erkenntnisse begriffen werden.

(DAHINDEN/HÄTTENSCHWILER 2001: 491)

Ansprüche der Wissenschaft
Wissenschaft kann auch definiert werden, indem aufgezählt wird, was denn ihre grundlegenden Elemente sind und welche Anforderungen ein Text, eine Rede, eine Behauptung erfüllen muss, um als »wissenschaftlich« gelten zu können. Als wichtigste Merkmale der Wissenschaft werden genannt:
- Vollständigkeit,
- Eindeutigkeit,
- Systematik und
- Klarheit.

Zusätzlich sollten in der Wissenschaft *Wahrheit* und *Objektivität* bewahrt werden: Wissenschaftlich *(objektiv)* einen Gegenstand zu betrachten heißt, ihn aus allen (charakteristischen) Blickwinkeln zu betrachten.

Folgende Punkte lassen sich weiter zur Charakterisierung der Wissenschaft herauskristallisieren:
- Präzision, Eingrenzung des Geltungsbereiches (der untersuchte Gegenstand ist genau umrissen),
- Methode: Wissen als Resultat zielgerichteter Untersuchung,
- Intersubjektivität: Angaben zur Nachprüfung sind in der Untersuchung enthalten,
- Öffentlichkeit: Wissenschaftliches Wissen wird publiziert und lässt sich so überprüfen und kritisieren.

Aus diesen so genannten *Grundkomponenten* der Wissenschaft können Ansprüche formuliert werden, die bei der wissenschaftlichen Arbeit eingehalten werden müssen. Diese Ansprüche werden Sie im Lernschritt 1.4 (»Das wissenschaftliche Arbeiten«) näher kennen lernen.

Wissenschaft: Forschung und Lehre, Prozess und Output

An der Universität wird Wissenschaft in Vorlesungen und Seminaren vermittelt. Es wird aber auch geforscht, also Wissenschaft »betrieben«. Die Wissenschaft besteht somit aus den zwei Komponenten Forschung und Lehre.

Weiter ist Wissenschaft einerseits ein Prozess und andererseits der Output dieses Prozesses. Nach STÖRIG gehört zum Prozess der Wissenschaft methodische Forschung und zielbewusste Erkenntnisarbeit, während der Output von Wissenschaft als »Schatz methodisch gewonnener und systematisch geordneter Erkenntnisse [...] mit dem Anspruch auf allgemeine Gültigkeit und zwingenden Charakter« (STÖRIG 1970: 31) bezeichnet werden kann.

Verschiedene Arten von Wissenschaft

Wissenschaft kann ferner definiert werden, indem beschrieben wird, mit welchem Gegenstand sie sich auseinander setzt. Die gängigste Unterscheidung ist diejenige in Natur- und Geisteswissenschaften. Der Philosoph Wilhelm DILTHEY nennt zu Beginn des 20. Jahrhunderts als Geistes- oder Kulturwissenschaften die folgenden Disziplinen: Geschichte, Nationalökonomie, Rechts- und Staatswissenschaften, Religionswissenschaft, Literatur-, Musik- und Kunstwissenschaft sowie das Studium von philosophischer Weltanschauung (vgl. MAIER-RABLER u. a. 1995: 31).

> Die allgemeine Frage der inhaltlichen Differenzierung der Wissenschaften bzw. der Disziplinen, die als Elemente des Systems der Wissenschaften angesehen werden, befindet sich noch heute in einem Prozess. Es ist die Rede von Natur-, Geistes- und Sozialwissenschaften. Publizistik- und Kommunikationswissenschaften gehören nach dieser Einteilung zu den Sozialwissenschaften. **!**

Wer erzeugt Wissenschaft?

Wissenschaft wird von Menschen erzeugt. Meist wird Wissenschaft in den entsprechenden und dafür vorgesehenen Institutionen erzeugt: den Universitäten (multidisziplinär, Einheit von Forschung und Lehre, keine Berufsausbildung, sondern wissenschaftliche Ausbildung),

Forschungsinstitute (reine Forschungsanstalten), Fachgesellschaften (Vereinigung von Wissenschaftlerinnen und Wissenschaftlern mehrerer Universitäten mit Spezialisierung) und Publikationswesen (Bücher, Fachzeitschriften, »Graue Literatur« und Online-Publikationen).

Urteile und Vorurteile gegenüber der Wissenschaft
Es ist kein einfaches Unterfangen, die beiden Begriffe »Wissen« und »Wissenschaft« zu definieren. Entweder bleibt es bei allgemeinen und wenig konkreten Beschreibungen (wie im oben zitierten Lexikon-Eintrag), oder aber es muss nach spezifischen Inhalten der Wissenschaft gefragt werden, die sich wiederum nicht allgemein auf alle Wissenschaften übertragen lassen (Alltagswissen vs. wissenschaftliches Wissen; Sinn und Funktion von Wissenschaft; Ansprüche der Wissenschaft; äußere Erscheinungsformen; Wissenschaftstypen; wer erzeugt Wissenschaft?)

Der Gegenstand der Wissenschaft bleibt also oft unklar. Nicht selten gerät sie deshalb in ein schiefes Licht. Es ist daher nur verständlich, dass viele richtige oder falsche Urteile und Vorurteile über das Wesen der Wissenschaft bestehen und darüber, was »in der Wissenschaft« betrieben wird. Auch die Publizistik- und Kommunikationswissenschaft, für deren Studium Sie sich entschieden haben, muss sich mit diesen Urteilen und Vorurteilen auseinander setzen.

Literatur
Bonfadelli, Heinz/Jarren, Otfried/Siegert, Gabriele (2005): Einführung in die Publizistikwissenschaft. 2., vollst. überarb. Auflage. Bern: Haupt (UTB).
Dahinden, Urs/Hättenschwiler, Walter (2001): Forschungsmethoden in der Publizistikwissenschaft. In: Otfried Jarren/Heinz Bonfadelli (Hrsg.): Einführung in die Publizistikwissenschaft. Bern: Haupt (UTB). S. 487–527.
dtv-Lexikon (1999): Wissen. In: Band 20. München: dtv.
HUMI (HUmanities Media Interface) Project (2000): Iconologia del Cavaliere Cesare Ripa. In: http://www.humi.keio.ac.jp/~matsuda/ripa/catalogue/index/contents_abfr.html (1.4.2006)
Maier-Rabler, Ursula et al.. (1995): Einführung in das kommunikationswissenschaftliche Arbeiten. 3. Auflage. München: Heller.
Patzelt, Werner J. (1997): Einführung in die Politikwissenschaft. Grundriss des Faches und studiumbegleitende Orientierung. 3. Auflage. Passau: Richard Rothe.
Störig, Hans Joachim (2003): Kleine Weltgeschichte der Wissenschaft. Berlin: Parkland.
Thorne, Kaye (2003): Blended Learning. How to integrate online and traditional learning. London: Kogan Page.

1.3 Publizistik- und Kommunikationswissenschaft

Was ist Publizistik- und Kommunikationswissenschaft?
Publizistikwissenschaft, Medienwissenschaft, Kommunikationswissenschaft, Journalistik – der Name dieses Faches variiert je nach Universität und spezifischer Ausrichtung. Auch bestehen verschiedenste Auffassungen über seinen Gegenstand. Im folgenden Lernschritt wollen wir Ihnen die unterschiedlichen Aspekte der Begriffe »Publizistikwissenschaft«, »Kommunikationswissenschaft« oder »Medienwissenschaft« etwas näher bringen:

Publizistik- und Kommunikationswissenschaft als transdisziplinäres Fach

Der Blick auf die Homepages und Studienführer der deutschsprachigen Universitäten zeigt, dass eine Vielfalt von Bezeichnungen existiert. Die Deutsche Gesellschaft für Publizistik- und Kommunikationswissenschaft (DGPuK) geht davon aus, »dass es sich trotz verschiedener Fachbezeichnungen und unterschiedlicher organisatorischer Einbindung um *ein* Fach handelt, das an unterschiedlichen Standorten etwas unterschiedlich ausgeprägt ist, sich aber mit ähnlichen Problemen und Gegenständen beschäftigt« (Selbstverständnispapier DGPuK).

Vielfach wird die Publizistik- und Kommunikationswissenschaft auch als »Bindestrich-Wissenschaft« bezeichnet. Das kommt daher, dass viele geistes- und sozialwissenschaftlichen Disziplinen sich – je nach Fachperspektive – mit Teilbereichen der (Massen-)Kommunikation beschäftigen: So gibt es
- Mediengeschichte,
- Medienpsychologie,
- Mediensoziologie,
- Medienökonomie,
- Medienrecht usw. (vgl. BONFADELLI/JARREN/SIEGERT 2005: 5).

Auch die Politikwissenschaft, die Pädagogik oder andere Wissenschaften stützen sich mitunter auf die Publizistik- und Kommunikationswissenschaft und machen deren Erkenntnisse für sich zugänglich.

Publizistik- und Kommunikationswissenschaft kann deshalb als transdisziplinäres Fach betrachtet und bezeichnet werden. Transdisziplinär bedeutet, dass unterschiedliche wissenschaftliche Disziplinen wie Kultur-, Sozial- und Literaturwissenschaften Bestandteil des Faches sind oder sein können. Publizistik- und Kommunikationswissenschaften werden zur »großen Familie« der Sozialwissenschaften gezählt, wie Soziologie und Politikwissenschaft.

Öffentliche Kommunikation als Gegenstand der Publizistik- und Kommunikationswissenschaft

Die Gemeinsamkeit aller genannten Bezeichnungen (Publizistik-, Medien- oder Kommunikationswissenschaft) besteht nun darin, »dass es sich dabei um ein Fach handelt, das sich mit ähnlichen Problemen und Gegenständen beschäftigt, nämlich mit der öffentlichen Kommunikation« (JARREN/BONFADELLI 2001: 5).

Auch im bereits zitierten Selbstverständnispapier der Deutsche Gesellschaft für Publizistik- und Kommunikationswissenschaft (DGPuK) lesen wir:

Im Zentrum des Fachs steht die indirekte, durch Massenmedien vermittelte, öffentliche Kommunikation. Die damit verbundenen Produktions-, Verarbeitungs- und Rezeptionsprozesse bilden den Mittelpunkt des Fachinteresses. […]

Besondere Bedeutung haben die klassischen Medien wie Zeitung, Hörfunk und Fernsehen sowie die Nachrichtenagenturen. Andere Massenmedien wie Zeitschrift, Buch, Film und Tonträger, außerdem Telekommunikationsmedien wie das Telefon, und zunehmend verschiedene Formen computervermittelter Kommunikation (z. B. World Wide Web, Internet, Intranet) zählen ebenfalls zum Gegenstand des Fachs. […] Der reinen interpersonalen Kommunikation wird im Fach als Basisphänomen und insoweit Beachtung geschenkt, als diese an öffentliche Kommunikationsprozesse gebunden ist.
(Quelle: ‹http://www.dgpuk.de/›)

Im deutschsprachigen Raum (Schweiz, Deutschland, Österreich) kann die »moderne« Kommunikations- und Publizistikwissenschaft im Wesentlichen auf zwei Stränge zurückgeführt werden: einerseits auf die *zeitungs-* bzw. *publizistikwissenschaftliche Tradition des deutschen Sprachraumes*, andererseits auf die (journalistik- und) *kommunikationswissenschaftliche Tradition angloamerikanischer Herkunft* (vgl. PÜRER 2003: 16).

Abbildung 1-2 weist die wichtigsten Lehr- und Forschungsfelder der Publizistik- und Kommunikationswissenschaft aus. Sie zeigt den inter- bzw. transdisziplinären Charakter des Faches als Sozialwissenschaft auf.

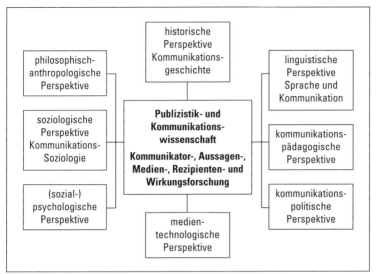

Abbildung 1-2
Lehr- und Forschungsfeld der Publizistik- und Kommunikationswissenschaft (Quelle: PÜRER 2003: 20).

Verschiedene Facetten der öffentlichen Kommunikation
Die Publizistik- und Kommunikationswissenschaft setzt sich nicht nur mit den einzelnen Medien wie Radio, TV, Presse auseinander. Wichtig sind für das Fach auch Bereiche wie Public Relations, Werbung und Medien- oder politische Organisationen. Andererseits stehen auch einzelne Personen oder Personengruppen – etwa die Leserinnen und Leser oder die Intenetnutzer – im Zentrum, oder es geht um größere Einheiten wie die »Öffentlichkeit«.

Wie können diese Begriffe nun innerhalb der Kommunikations- und Publizistikwissenschaft positioniert werden? Bei BONFADELLI/JARREN/SIEGERT heißt es dazu:

> Eine Bestimmung des Gegenstands des Fachs allein über ihr Materialobjekt, also durch Aufzählung von einzelnen (Massen-)Medien wie Presse, Buch, Radio, Fernsehen, Film oder Online-Medien, genügt nicht, können doch an diese Medien aus verschieden Blickrichtungen heraus ganz unterschiedliche Fragen – z. B. ökonomische vs. soziologische vs. psychologische – gerichtet werden.
>
> (BONFADELLI/JARREN/SIEGERT 2005: 7).

Dementsprechend gibt es in der Publizistik- und Kommunikationswissenschaft unterschiedliche theoretische Zugänge (Makro-, Meso- und Mikrotheorien) und wissenschaftliche Methoden bzw. Forschungstechniken (historische, hermeneutisch-interpretative und insbeson-

dere quantitative und qualitative empirisch-analytische Verfahren) für die Klärung publizistik- und kommunikationswissenschaftlicher Fragestellungen.
Abbildung 1-3 zeigt die verschiedenen Facetten der Kommunikations- und Publizistikwissenschaft.

Abbildung 1-3 Facetten der (Massen-)Kommunikations-, Medien- und Publizistikwissenschaft (Quelle: BONFADELLI/JARREN/SIEGERT 2005: 7)

Materialobjekte	Einzelne Medien	Kommunikationsakte	Institution »Journalismus«
	Presse, TV, Radio etc.	interpersonale vs. Massenkommunikation	
Formalobjekte	alle Kommunikationsprozesse	für die Öffentlichkeit bestimmte Aussagen	durch Medien hergestellte Öffentlichkeit
Analyseebene	Akteure (mikro)	Organisationen (meso)	Gesellschaft (makro)
Methodische Zugriffe	quantifizierende sozialwissenschaftliche Methoden		qualitative phänomenologisch-hermeneutische Verfahren
Fachbezeichnungen	Publizistikwissenschaft	Massen-Kommunikationswissenschaft	Medienwissenschaft	Journalistik	Medien-Psychologie, Medien-Soziologie usw.

Aktivität 1-1: Was ist Publizistik- und Kommunikationswissenschaft?
Lesen Sie das Kapitel »Publizistik- und Kommunikationswissenschaft – Ein transdisziplinäres Fach« aus dem Buch *Einführung in die Publizistikwissenschaft* (BONFADELLI/JARREN/SIEGERT 2005: 3 ff.) sowie die Einleitung aus dem *Handbuch Publizistik- und Kommunikationswissenschaft* (PÜRER 2003: 15 ff.). Notieren Sie auf einem A4-Blatt die zehn wichtigsten Stichwörter zu den beiden Texten.

Literatur zur Publizistik- und Kommunikationswissenschaft

Auf der folgenden Literaturliste sind einige Einführungswerke aufgeführt, die vertieft auf die Frage eingehen, was die Publizistik- und Kommunikationswissenschaft beinhaltet und welches ihre Charakteristika sind.

BURKART, Roland (2002): Kommunikationswissenschaft. Grundlagen und Problemfelder. Umrisse einer interdisziplinären Sozialwissenschaft. 4. Auflage. Wien: Böhlau (UTB).

BURKART, Roland u. a. (Hrsg.) (2004): Kommunikationstheorien. Ein Textbuch zur Einführung. 3., überarb. und erw. Auflage. Wien: Braumüller.

HUNZIKER, Peter (2002): Medien, Kommunikation und Gesellschaft: Einführung in die Soziologie der Massenkommunikation. WB-Forum Band 18. Darmstadt: Wissenschaftliche Buchgesellschaft.

BONFADELLI, Heinz/JARREN, Otfried/SIEGERT, Gabriele (Hrsg.) (2005): Einführung in die Publizistikwissenschaft. Bern: Haupt (UTB).

KOSZYK, Kurt/PRUYS, Karl Hugo (Hrsg.) (1981): Handbuch der Massenkommunikation. München: dtv.

KRALLMANN, Dieter/ZIEMANN, Andreas (2001): Grundkurs Kommunikationswissenschaft. Mit einem Hypertextprogramm im Internet. München: Willhelm Fink (UTB).

KUNCZIK, Michael/ZIPFEL, Astrid (2005): Publizistik. Ein Studienhandbuch. 2. durchges. und aktualis. Auflage. Köln: Böhlau.

LANGENBUCHER, Wolfgang R. (Hrsg.) (1999): Publizistik- und Kommunikationswissenschaft. Ein Textbuch zur Einführung in ihre Teildisziplinen. Wien: Braumüller.

LUDES, Peter (2003): Einführung in die Medienwissenschaft. Entwicklungen und Theorien. 2. überarb. Auflage. Berlin: Erich Schmidt.

MALETZKE, Gerhard (1998): Kommunikationswissenschaft im Überblick. Opladen: Westdeutscher Verlag.

MERTEN, Klaus (1999): Einführung in die Kommunikationswissenschaft. Bd. 1: Grundlagen der Kommunikationswissenschaft. Münster. Münster: Lit.

MERTEN, Klaus/SCHMIDT, Siegfried J./WEISCHENBERG, Siegfried (Hrsg.) (1994): Die Wirklichkeit der Medien. Eine Einführung in die Kommunikationswissenschaft. Opladen: Westdeutscher Verlag.

NOELLE-NEUMANN, Elisabeth/SCHULZ, Winfried/WILKE Jürgen (Hrsg.) (2004): Fischer-Lexikon Publizistik – Massenkommunikation. 3. Auflage. Frankfurt a. M.: Fischer.

PÜRER, Heinz (2003): Publizistik- und Kommunikationswissenschaft. Ein Handbuch. Konstanz: UVK/UTB.

SCHMIDT, Siegfried J./ZURSTIEGE, Guido (2000): Orientierung Kommunikationswissenschaft. Was sie kann, was sie will. Reinbek b. Hamburg: Rowohlt.

1.4 Das wissenschaftliche Arbeiten

1.4.1. Wissenschaftlich arbeiten heißt: kritisch sein

Was erwarten *Sie* persönlich von dieser Wissenschaft? Was motiviert Sie, dieses Fach zu studieren? Was interessiert Sie am meisten am Fach Publizistik- und Kommunikationswissenschaft? Inwiefern können Sie als Studierende/r von der Publizistik- und Kommunikationswissenschaft profitieren?

Das sind Fragen, die nur Sie persönlich beantworten können. In der folgenden Aktivität lernen Sie aber einige Antworten auf diese Fragen von einem etablierten Publizistik- und Kommunikationswissenschaftler kennen.

> **Aktivität 1-2: Das Interessante am wissenschaftlichen Arbeiten**
> Schauen Sie sich zum Einstieg in die Thematik auf der E-Learning-Plattform einen kurzen Film an, in welchem Prof. Otfried JARREN erläutert, was aus seiner Sicht das Spannende und Interessante am wissenschaftlichen Arbeiten ist.

Wissenschaftliches Arbeiten ist spannend und interessant, wenn man sich neue Gedanken zu einem bestimmten Thema macht, wenn man neue Bereiche entdeckt, Zusammenhänge deutet und eigenständige Erklärungen findet.

Die kritische Haltung: Fragenstellen und Infragestellen
Die Arbeit in der Wissenschaft setzt voraus, dass man Fragen stellt. In der Wissenschaft müssen *kritische* Fragen gestellt werden. In den Sozialwissenschaften geht es dabei meistens um das »Infragestellen« vorgefundener Tatbestände in der Gesellschaft. Das heißt, dass ein Problem in der Wirklichkeit zuerst einmal erkannt werden muss, bevor es wissenschaftlich bearbeitet werden kann. Dazu braucht es den »kritischen Blick« auf einen Gegenstand (z. B. die Gesellschaft oder die Medien) in der Wirklichkeit.

Der Ausgangspunkt wissenschaftlichen Arbeitens ist es, eine Problemstellung zu finden.

Die von der Problemstellung ausgehenden Fragen zielen dann darauf ab, das Wissen über den Problemkreis zu erweitern. Dies geschieht durch Sammeln, Beschreiben und Klassifizieren von Tatsachen aus dem Problembereich, ihre kritische Darstellung, Begründung und Deutung in engem Zusammenhang mit und zugleich in kritischer Haltung gegenüber allgemeinen und wissenschaftlichen Meinungen und Thesen zum Problemkreis.

Aus der Problemstellung muss dann eine konkrete Fragestellung formuliert werden.

Problemstellung und Fragestellung zu formulieren – das sind die ersten zwei wichtigen Schritte im Prozess des wissenschaftlichen Arbeitens. Dass man dabei eine kritische Haltung einnimmt, ist unvermeidlich.

Aktivität 1-3: Kritisches Denken
Otto KRUSE nennt in seinem *Handbuch Studieren* eine Reihe von kritischen »Denkoperationen«, die bei einer wissenschaftlichen Arbeit vollzogen werden sollen (vgl. KRUSE 1998: 107 f.). Lesen Sie seinen Text im E-Learning-System und überlegen Sie sich, welche dieser kritischen Denkoperationen wohl am stärksten in der Wissenschaft vernachlässigt wird.

1.4.2 Die Anforderungen in der Wissenschaft

Kritisches Denken wird also in der Wissenschaft gefordert. Es gibt aber noch eine Reihe weiterer Anforderungen, die erfüllt werden müssen, wenn man wissenschaftlich arbeiten will, etwa Objektivität, Reliabilität und Validität, Vollständigkeit, Eindeutigkeit und Systematik:

Tabelle 1-4:
Ansprüche an die Wissenschaftlichkeit

Objektivität	Intersubjektivität: Alle Aussagen im Text und die Art und Weise, wie sie zustande gekommen sind, müssen in allen Schritten für Dritte nachvollziehbar sein.
Reliabilität und Validität	Reliabilität und Validität betreffen die Ansprüche an die wissenschaftlichen Methoden: **Reliabilität:** Die Methode (das Messinstrument der Wissenschaft) muss zuverlässig und gültig sein. Das heißt, dass ein (Mess-)Instrument unter gleichen Zuordnungsbedingungen auf das gleiche Untersuchungsmaterial ein identisches Untersuchungsergebnis hervorbringen muss (vgl. PÜRER 1993: 186). **Validität:** Der Anspruch einer Forschungstechnik, tatsächlich das zu messen oder zu erfassen, was gemessen oder erfasst werden soll.
Vollständigkeit	Für das Verständnis des Textes wichtige Informationen müssen vollständig und explizit erwähnt werden. Dieses Kriterium muss sowohl für die Inhalte wie auch für die Struktur gelten.
Eindeutigkeit	Wissenschaftliche Texte sind so verfasst, dass es keine Möglichkeit gibt, eine Aussage auf unterschiedliche Weisen zu interpretieren.
Systematik und Formalia	Wissenschaftliche Texte müssen einer Systematik folgen, im Sinne eines »roten Fadens«, der sich durch die ganze Arbeit hindurchzieht. Dazu gehört eine klare und saubere Gliederung sowie korrekte Orthografie, Zeichensetzung und Grammatik. Mehr zur Systematik und zu den Formalien einer wissenschaftlichen Arbeit erfahren Sie im Kapitel »Schreiben«. Informieren Sie sich zudem über die formalen Richtlinien und entsprechende Merkblätter, die an ihrer Universität Gültigkeit haben.

1.4.3 Die Arbeitsschritte in der Wissenschaft

Wie wird denn nun aber »wissenschaftlich« gearbeitet? Wie »macht« man eine wissenschaftliche Arbeit?

Die wissenschaftliche Arbeit ist ein sehr komplexer Prozess. Wissenschaftliches Arbeiten besteht aus den verschiedensten Tätigkeiten wie Recherchieren, Lesen, Denken, Schreiben oder Reden. In Abbildung 1-4 sind diese verschiedenen Tätigkeiten in fünf Arbeitsschritte zusammengefasst:

Das wissenschaftliche Arbeiten 39

Themen und Theorien
- wissenschaftlich relevantes Thema erarbeiten
- Thema eingrenzen oder ausweiten
- Fragestellung formulieren
- Theorien finden und anwenden

Reden und Präsentieren
- mündliche Präsentation vorbereiten, Rahmenbedingungen klären
- Vortragsstruktur bestimmen
- Reden üben
- Hilfsinstrumente für Präsentationen anwenden

Lesen
- ausgewählte Literatur lesen
- gelesene Texte verstehen
- zentrale Themenschwerpunkte aus Texten herausarbeiten
- Texte auswerten/bewerten

Schreiben
- Vorbereitung: Rahmenbedingungen klären, Textform wählen
- Material zusammentragen und strukturieren
- Rohfassung und Endfassung schreiben
- Korrekturen ausführen

Literaturrecherche
- Literatur zu einem Thema finden
- gefundene Literatur bewerten nach Relevanz und Aktualität
- Literatur stichwortartig beschreiben
- ausgewählte Literatur systematisch erfassen

Abbildung 1-4: Der Arbeitsprozess in der Wissenschaft (Quelle: Eigene Darstellung)

Jeder dieser Arbeitsschritte wird in diesem Buch in einem spezifischen Kapitel behandelt:

Tabelle 1-5 Überblick über die einzelnen Teilschritte des wissenschaftlichen Arbeitens

Themen/Theorien finden	Jede Form von wissenschaftlicher Arbeit – sei dies nun ein Thesenpapier, eine Seminararbeit oder eine Dissertation – beginnt mit der Wahl eines Themas. Mit bestimmten Hilfsmitteln können Sie sich ein Thema leichter erarbeiten. Eine selbständig formulierte Fragestellung wird dann theoretisch eingebettet und der Forschungsstand zum gewählten Thema bearbeitet. Das Resultat der Literaturrecherche muss mit der Fragestellung in Verbindung gebracht werden.
Literaturrecherche	In einem ersten Schritt geht es darum, Informationen zu einem gewählten Thema zu beschaffen: Theorien, Modelle, der Forschungsstand und aktuelle Publikationen aus Fachzeitschriften und Büchern sowie Informationen aus dem Internet werden ausgewählt und systematisch gesammelt.
Lesen	Mit dem Lesen beginnt die Aufnahme- und Verdichtungsphase des wissenschaftlichen Arbeitens: Die gesammelten Informationen müssen systematisch gelesen und erfasst werden. Diejenigen Texte, die für Ihre Arbeit relevant sein könnten, sollten Sie notieren und markieren. Die Informationen in Büchern, Fachzeitschriften und aus dem Internet müssen exzerpiert, archiviert und systematisiert werden. Die gelesenen Texte müssen Sie verstehen, indem Sie die wichtigen Aspekte hervorheben und zusammentragen.
Schreiben	Das Endprodukt des wissenschaftlichen Arbeitsprozesses ist meistens eine schriftliche Arbeit (in einer erste Stufe als Exposé erkennbar). Diese soll mit einer gewissen Systematik ausgestattet sein und bestimmten Ansprüchen genügen. Die schriftliche Arbeit muss über klar erkennbare Elemente wie die Einleitung, den Hauptteil und den Schlussteil verfügen. Fragestellung, Begriffsdefinitionen, Fallbeschreibung, Theorie, Empirie, Hypothesen und Schlussfolgerungen gehören dazu.
Reden und Präsentieren	Manchmal ergibt sich die Gelegenheit, die Resultate der eigenen wissenschaftlichen Arbeit nicht nur schriftlich zu präsentieren, sondern auch mündlich, beispielsweise in Form eines Referates in einem Seminar oder als Vortrag an einer Tagung. In wissenschaftlichen Vorträgen müssen die Befunde vor einem (meistens kompetenten) Publikum überzeugend präsentiert werden. Dies erfordert von den Referierenden, dass sie den komplexen Stoff verständlich und einfach darlegen und bei den Zuhörenden Aufmerksamkeit erwecken.

> **Hinweis**
> Bitte beachten Sie, dass der wissenschaftliche Prozess nie völlig linear verläuft: Während der wissenschaftlichen Arbeit müssen Sie vielleicht immer wieder einen Schritt zurückgehen, um wirklich einen Schritt weiter voranzukommen.

Literatur
ALEMANN, Ulrich von/FORNDRAN, Erhard (2005): Methodik der Politikwissenschaft. Eine Einführung in Arbeitstechnik und Forschungspraxis. 7. Auflage. Stuttgart: Kohlhammer.
KRUSE, Otto (Hrsg.) (1998): Handbuch Studieren. Von der Einschreibung bis zum Examen. Frankfurt a. M.: Campus.

1.5 Die Wissenschaft als soziales System

Notwendigkeiten und Regeln des Wissenschaftsbetriebes sind das eine, es gibt aber auch noch andere, pragmatischere Aspekte, die beim Studium eine Rolle spielen:
- organisatorische Fähigkeiten, die Ihnen das Leben erleichtern können,
- soziale Aspekte, die Sie berücksichtigen sollten. Denn die Wissenschaft ist in erster Linie ein kommunikatives und soziales System.

1.5.1 Studienplanung und Veranstaltungstypen

Den Überblick an einer Universität zu gewinnen ist für Studienanfängerinnen und -anfänger meistens nicht einfach. Die verschiedenen Gebäude, Zentren und Orte, aber auch die unzähligen neuen Begriffe und Modalitäten der Universität und der Wissenschaft sind oft nicht leicht zu durchschauen. Die vielen neuen Eindrücke stiften oft mehr Verwirrung als Aufklärung. Die zahlreichen unerreichten Ziele können bei den Studierenden Frustrationen hervorrufen. Verzögerungen und Unzufriedenheit im Studium sind die Folge davon.

Deshalb ist es ratsam, sich gleich am Anfang grundlegend über die Anforderungen und unterschiedlichen Möglichkeiten des Studiums zu informieren.

Formale Studienaspekte
Jede Fachrichtung besitzt in der Regel eine *Studienordnung*, die den Rahmen festlegt, in dem das Studium absolviert wird (Einteilung in Grund- und Hauptstudium, Zuordnung von Pflicht- und Wahlveranstaltungen, Zahl der erforderlichen Leistungsnachweise usw.). Die individuelle Studienplanung sollte also an die Studienordnung angepasst werden. Neben der Studienordnung spielt auch die *Prüfungsordnung* eine wichtige Rolle. Sie beinhaltet formale Aspekte wie z. B. Hinweise, wie und wo man sich für Prüfungen anzumelden hat, und gibt Auskunft über die vorgeschriebene Zahl absolvierter Semester, Prüfungsfristen, Dokumente, Anerkennung von Auslandssemestern usw.

Verschaffen Sie sich im Dekanat oder im Sekretariat – allenfalls auch online – Informationen über die Fakultätsstruktur, Studienberatungseinrichtungen, holen Sie sich einen Studienführer der Fachgebiete, kommentierte Vorlesungsverzeichnisse usw. und besuchen Sie Sprechstunden bei den Dozierenden und den Professorinnen und Professoren. Haben Sie auch keine Hemmungen, »ältere« Studierende zu fragen und mit Ihren Kommilitoninnen und Kommilitonen über die Organisation des Studiums zu sprechen.

Inhaltliche Orientierung
Zu Beginn des Studiums empfiehlt es sich, Einführungsveranstaltungen zu besuchen und Einführungsliteratur zu studieren. Dies ermöglicht es Ihnen, eigene Interessenschwerpunkte zu bilden und zu erkennen, welche Lern- und Forschungsschwerpunkte Sie im Verlauf Ihres Studiums setzen möchten. Sie können auch jederzeit Veranstaltungen aus benachbarten Fächern besuchen, um sich einen Einblick in andere Bereiche zu verschaffen.

> **Hinweis: Studienberatung**
> Sollten Sie dennoch aus irgendwelchen (auch persönlichen) Gründen Schwierigkeiten bekommen, weil Sie sich im Studium inhaltlich, zeitlich oder qualitativ überfordert fühlen, können Sie praktisch an jeder Universität eine individuelle Studienberatung in Anspruch nehmen. Informationen über Studieninhalte können auch die jeweiligen Fachvereine liefern.

Die Wissenschaft als soziales System

Universitäre Lehrveranstaltungen
Damit Sie die unterschiedlichen Lehrveranstaltungen, die an Universitäten angeboten werden, voneinander unterscheiden können, haben wir für Sie eine Liste zusammengestellt mit den wichtigsten Veranstaltungstypen und deren Inhalten und Anforderungen im Sinne von (schriftlichen) Arbeiten:

Vorlesung	Das Kernlehrangebot besteht aus Vorlesungen, die von den Professoren, den wissenschaftlichen Mitarbeiterinnen und Mitarbeitern sowie externen Dozentinnen und Dozenten angeboten werden. Es wird dabei unterschieden zwischen theoretischen und praxisorientierten Vorlesungsangeboten. Diese Art von Lehrveranstaltung hat reine Vermittlung von Sachwissen und Lehrmeinungen zu Zweck. Sie besteht meistens aus einem aktiven Vortragsmonolog und aus einem passiv aufnehmenden Auditorium. Die komprimierte Darstellung von Basiswissen erreicht einen sehr großen Zuhörerkreis. Eine angemessene Vorbereitung bietet Ihnen Gewähr, dass der vorgetragene Stoff richtig eingeordnet und in den zentralen Punkten erfasst wird. Bei der Mitschrift lautet nämlich der wichtigste Grundsatz: »Erst hören und die Zusammenhänge verstehen, dann stichpunkt- und thesenartig die zentralen Aspekte und Leitgesichtspunkte notieren« (BUSS u. a. 1994: 44).	**Tabelle 1-6** Typen universitärer Lehrveranstaltungen
Seminar	Diese Art von Lehrveranstaltung basiert auf einem Dialog oder einer Diskussion zwischen der Leitung der Veranstaltung und den Seminarteilnehmern. Ein ausgewähltes Thema des Faches wird unter der aktiven Mitarbeit der Studierenden aus möglichst vielen Perspektiven erörtert. Die Studierenden lernen selbständig an wissenschaftliche Fragestellungen heranzugehen und sie mit den entsprechenden fachspezifischen Verfahren und Terminologien zu behandeln, die kritische und autonome Auseinandersetzung mit den publizistik- und kommunikationswissenschaftlichen Themen wird geübt und das nötige Fachwissen aktiv erarbeitet. Das Ziel eines Seminars ist es, eine eigene Seminararbeit zu verfassen. Eine gezielte Vorbereitung auf die einzelnen Sitzungen wird normalerweise erwartet. Unterschiedliche Formen der Mitarbeit können im Rahmen eines Seminars stattfinden: Lektüre, Diskussionsbeiträge, Diskussionsleitung, Thesenpapiere, Referate und Seminararbeit. Leider sind viele Studierende ob so viel Aktivität oft nicht sehr erfreut oder glauben, dass ihre Statements oder Fragen zu banal seien. Überwinden Sie Ihre Vorbehalte, indem Sie sich auf das Thema systematisch vorbereiten, einige Fragen und Einwände notieren und sie mit Mitstudierenden diskutieren.	

Fortsetzung der Tabelle auf der folgenden Seite

Übung, Proseminar und Tutorat	Solche Lehrveranstaltungen werden hauptsächlich im Grundstudium angeboten und haben zum Ziel, den Vorlesungsstoff aufzuarbeiten, zu vertiefen und praktisch zu üben. Eine intensive und kritische Auseinandersetzung mit den Themen aus der Primärveranstaltung (also der Vorlesung, dem Seminar etc.) ist empfehlenswert.
Forschungsproseminar	Diese Veranstaltungen vermitteln theoretische und praktische Kenntnisse zu empirischen Forschungsmethoden. Die Teilnehmenden wenden die jeweilige Methode auf ein spezifisches Thema an, durchlaufen dabei während zwei Semestern alle Schritte des Forschungsprojektes und dokumentieren ihr Wissen in einer schriftlichen Forschungsarbeit.
Kolloquium	Kolloquien sind von der Form her den Seminaren sehr ähnlich – Unterschiede gibt es nur bei der breiteren thematischen Streuung und der begrenzten Teilnehmerzahl. Die vertiefte Diskussion wird dadurch ermöglicht, dass die fortgeschrittenen Teilnehmer vergleichbare fachliche Voraussetzungen haben. Kolloquien sind zum Beispiel ein geeignetes Forum für Lizentianden und Doktoranden.

1.5.2 Zeitmanagement, Motivation, Konzentration und soziale Aspekte

Zeitmanagement und Arbeitsplanung

Zeit ist für alle Studierenden ein knappes Gut – und der geschickte Umgang damit sehr wichtig, da dieser ein Schlüssel zum Lernerfolg ist.

Wichtig ist einerseits, wie viel Zeit Sie für das Lernen einsetzen, andererseits, wie intensiv und zielgerichtet Sie die Zeit nutzen. Folgende Strategien können dabei hilfreich sein: die Zeit richtig einteilen, Zeit gewinnen, mit Zeitplänen arbeiten, Hinausschieben vermeiden und Zeitanalyse durchführen.

Eine der wichtigsten Komponenten während des Studiums ist eine sinnvolle Arbeitsplanung: Inhaltliche und zeitliche Arbeitsziele und selbst formulierte Leistungsziele erleichtern es Ihnen, Ihren Lernprozess unter Kontrolle zu halten und für das Studium motiviert zu bleiben.

Zu den Vorteilen, die eine Arbeitsplanung während des Studiums bringt, empfehlen Buss u. a. das Folgende:

Die Motivation und der Lernerfolg durch eine Arbeitsplanung liegen in dem Gefühl, ein gestecktes Ziel erreichen zu können, gekoppelt mit der Vorstellung, dass es eine persönliche Leistung gewesen ist. Die Kunst der Planung ist die Fähigkeit, einen Kompromiss zwischen persönlichen Belangen, einer angemessenen Leistungsanspannung und einer erreichbaren Zielsetzung zustande zu bringen. Die Arbeitsplanung dient als Instrument,

Die Wissenschaft als soziales System

Zeitdruck zu verhindern, Leerlauf und Störungen auszuschalten und die einzelnen Studienschritte sinnvoll aufeinander zu beziehen.
(BUSS u. a. 1994: 41).

Arbeitsplanung bedeutet gemäß diesen Autoren:
- sich rechtzeitig auf die Studienanforderungen einrichten,
- Prioritäten setzen,
- Mit größtmöglicher Arbeitsökonomie die Studienziele erreichen.

> **Hinweis: Zeithorizont**
> Setzen Sie sich beim Lernen immer wieder selbst Ziele. Beachten Sie dabei die folgenden drei Punkte:
> - Trennen Sie Ziele, die Ihnen von außen (z. B. von Dozierenden) vorgegeben werden, von solchen, die Sie selbst setzen können.
> - Legen Sie lang-, mittel- und kurzfristige Ziele gesondert fest.
> - Versuchen Sie, Ihre eigenen Ziele auf einer Zeitachse wochen- und semesterweise festzulegen.

Als Allererstes müssen Sie für sich selbst gute Lernbedingungen schaffen. Sich motivieren, mit der Zeit oder mit Angst umgehen oder sich konzentrieren gehören zu den wesentlichen Faktoren des akademischen Erfolges.

Motivation
Die Bereitschaft zu lernen hängt davon ab, wie wertvoll oder nützlich Ihnen ein Thema, ein Fachgebiet oder das ganze Studium erscheint. Je mehr Interesse Sie aufbringen können und je besser die Aussichten auf Erfolg sind, umso besser ist auch Ihre Motivation. Nun kann man Motivation in jeder Situation selbst beeinflussen, indem man an der Selbstdisziplin, am Einsatz und am Willen arbeitet und positive Gewohnheiten entwickelt. Sich im Alltag für konkrete Themen und Situationen zu motivieren hilft, eine langfristige Motivation aufzubauen.

Als Lernstrategien für die Erhaltung der eigenen Motivation gelten: »Ziele setzen, sich Erfolgserlebnisse verschaffen, das eigene Interesse wecken und sich positiv einstellen und denken« (METZGER 1996: 16f.).

Konzentration

Selektive Aufmerksamkeit ist wichtig, weil das Arbeitsgedächtnis nur eine begrenzte Kapazität bereitstellt, alles wahrzunehmen und zu verarbeiten, was um einen herum geschieht. Es ist normal, dass man nicht viele Dinge gleichzeitig wahrnehmen und verarbeiten kann. Es ist aber wichtig, dass man daraus Konsequenzen zieht: Wenn Sie etwas lernen, müssen Sie Ihre Gedanken und Aufmerksamkeit auf das Wesentliche konzentrieren können. Es gibt zahlreiche Störfaktoren in Ihrer Umgebung (Lärm oder visuelle Ablenkungen) und in Ihnen selbst (Tagträume, Vergesslichkeit und unrealistische Ziele), die Sie vom Wesentlichen ablenken. Daher braucht man Strategien, um mit diesen Störfaktoren optimal umgehen zu können.

Hier einige Strategien, wie Sie mit Störungen umgehen können:
- wahrnehmen,
- bewusst handeln,
- Störungen verhindern, ausschalten, verdrängen,
- den eigenen Arbeitsplatz neu gestalten (zu Hause und an der Universität).

Angst bewältigen

Stress und Angst wirken bei vielen Studierenden leistungshemmend. Angst ist nämlich mit Selbstzweifeln, negativen Gefühlen und unangenehmen physischen Reaktionen gepaart, die einen Teil der geistigen Kapazität ablenken. Angst entsteht je nachdem, wie durchschaubar oder unberechenbar Ihnen eine Situation erscheint und wie gut Sie sich in der Lage fühlen, diese Situation auch zu meistern.

Hier ein paar Strategien, um unangenehmen Stress zu umzugehen und/oder abzubauen:
- sich einen günstigen Einstieg ins Studium verschaffen (sich informieren und Kontakte knüpfen),
- realistisch und positiv denken und handeln (Eigenverantwortung),
- günstige äußere und körperliche Bedingungen schaffen (körperliche Fitness, Ernährung und Schlaf),
- belastende Situationen und sich selbst realistisch einschätzen.

Soziale Aspekte
Bei so vielen Regeln und Ansprüchen an die Wissenschaft sollten Sie etwas Simples nicht vergessen: Qualitativ gute wissenschaftliche Arbeit entsteht oft nicht in der Einsamkeit des dunklen Kämmerchens oder in der Bibliothek, sondern im direkten Gespräch und beim Austausch von Meinungen. Es ist unter Umständen produktiver und effizienter, Ideen und Argumente mit Kolleginnen und Kollegen oder mit Dozenten und Assistierenden der Fakultät auszutauschen. Versuchen Sie deshalb die Gelegenheiten wahrzunehmen und mit anderen Leuten über Ihr Thema oder Ihre Problemstellungen zu debattieren. Gründen Sie Lern- oder Lesegruppen, oder diskutieren Sie nach der Vorlesung mit anderen Studierenden – ob in einem Seminarraum oder in der Kneipe, ist sekundär.

> **Hinweis**
> Studieren soll auch Spaß machen: Versuchen Sie, die anspruchsvolle Denkarbeit auch in anregende Dialoge mit anderen Menschen zu integrieren, und genießen Sie die Zeit des Studiums als soziale Bereicherung.

Literatur
Buss, Eugen/Fink, Ulrike/Schöps, Martina. (1994): Kompendium für das wissenschaftliche Arbeiten in der Soziologie. 4., überarb. Auflage. Heidelberg: Quelle und Meier (UTB).
Metzger, Christoph (1996): Lern- und Arbeitsstrategien. 6., überarb. Auflage. Aarau: Sauerländer.

1.6 Zusammenfassung

1.6.1 Rekapitulation

Das wissenschaftliche Arbeiten setzt eine gewisse (Selbst-)Organisation und Planung voraus: Es ist wichtig, dass man sein Studium planen, sich motivieren und sich konzentrieren kann. Neben einem allgemeinen Basiswissen haben wir Ihnen auch praktische Hinweise für das Studium der Publizistik- und Kommunikationswissenschaft geliefert, wie es beispielsweise am Institut für Publizistikwissenschaft und Medienforschung der Universität Zürich (IPMZ) angeboten wird.

1.6.2 Evaluation

Worum ging es im ersten Kapitel? Was haben Sie erfahren?
Eine Einschätzung und Beurteilung von Lernangeboten in regelmäßigen Abständen – auch bei Selbstlernmedien – ist empfehlenswert: Machen Sie jeweils kurze Pausen während Ihrer Lernzeit und versuchen Sie, sich vom Gelernten zu distanzieren. Evaluieren Sie
a) was und wie Sie gelernt haben und ob Ihnen der Einsatz etwas gebracht hat,
b) wie Ihnen der Lernstoff angeboten wurde.

Üben Sie dies am bereits durchgearbeiteten Kapitel: Was war das Ziel? War es ersichtlich? Welches waren die unterschiedlichen Lernziele? Habe ich diese erreicht? Inwieweit hat es mir etwas gebracht? Was muss ich mir besonders merken? Bin ich jetzt für selbständige Arbeit gut vorbereitet? Wie hoch ist mein persönlicher Lerngewinn? Ist dabei mein Interesse an der Sache gestiegen?

Aktivität 1-4: Selbsteinschätzung, Wissens-Check
Nehmen Sie sich fünf Minuten Zeit und versuchen Sie, die genannten Fragen zu beantworten und sich dabei selbst einzuschätzen! Gehen Sie danach über zum Wissenscheck im E-Learning-System. Danach haben Sie das erste Kapitel beendet!

2 Themen und Theorien

2.1 Einleitung

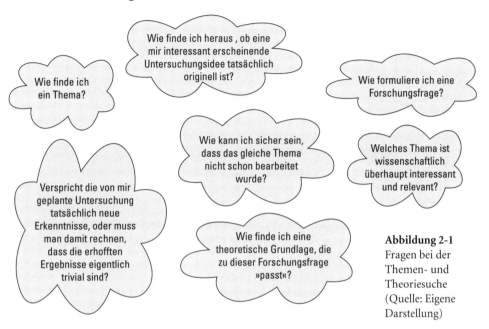

Abbildung 2-1
Fragen bei der Themen- und Theoriesuche (Quelle: Eigene Darstellung)

Vor Fragen, wie Sie in Abbildung 2-1 aufgeführt sind, stehen die meisten Studierenden, wenn es um die selbständige Wahl eines Themas für eine wissenschaftliche Arbeit geht. Ähnliche Fragen stellen sich auch, wenn für ein wissenschaftliches Thema eine geeignete Theorie gesucht werden muss. Je nach Universität und Studienordnung wird bereits im Grundstudium (bzw. auf der Bachelor-Stufe) verlangt, dass Studierende selbst ein Thema vorschlagen und Theorien evaluieren. Spätestens im Hauptstudium (bzw. auf der Master-Stufe) und bei einer schriftlichen Abschlussarbeit (Diplom- oder Lizentiatsarbeit bzw. Master-Abschlussarbeit) wird erwartet, dass Sie selbständig eine geeignete und bearbeitbare Fragestellung zu einem wissenschaftlichen Thema formulieren und Vorschläge unterbreiten können, wie das Thema theoretisch untermauert werden soll. Deshalb ist es von Bedeutung, dass Sie bereits in einem frühen Stadium lernen, wie die Themensuche und Theoriebildung idealtypisch abläuft – während des Studiums bleibt noch genügend Zeit, um das Gelernte zu üben und anzuwenden.

In diesem Kapitel lernen Sie, wie Sie den Prozess der wissenschaftlichen Themenfindung systematisch und transparent gestalten können und wie sich die Suche nach Theorien strukturieren lässt. Neben Hilfestellungen und Anleitungen zum wissenschaftlichen Arbeiten werden wir auch zeigen, wie Sie »Stolpersteine«, beispielsweise bei der Themenwahl, umgehen können.

2.1.1 Aufbau des Kapitels

Der Aufbau des Kapitels orientiert sich so weit wie möglich am wissenschaftlichen Prozess. Dieser Prozess muss indessen schematisiert und vereinfacht dargestellt werden: Das heißt, dass die Themensuche und der Prozess der Einbindung von Theorien nicht linear oder einstufig ablaufen. In diesem Sinne ist das Kapitel als »Richtlinie« gedacht, an die man sich halten kann, wobei aber auch Abweichungen notwendig sein werden und Wiederholungen oder Rückkoppelungen sich nicht immer vermeiden lassen.

Das Kapitel ist folgendermaßen gegliedert:

Tabelle 2-1
Aufbau des Kapitels »Themen und Theorien«

Abschnitt	Lernschritte
1. Einleitung	
2. Ein Thema finden	• Die Idee – Quellen für wissenschaftliche Themen • Thema analysieren • Anforderungen an ein Thema
3. Die Fragestellung	• Forschungsstand aufbereiten • Entwickeln der Fragestellung • Begriffe definieren
4. Rahmenbedingungen des Themas	• Ressourcen richtig einsetzen • »Stolpersteine« vermeiden
5. Grundlagen der Theoriearbeit	• Relevante theoretische Perspektiven • Die Suche nach Theorien
6. Theorien anwenden	• Präsentation von Theorien im Text

2.2 Ein Thema finden

2.2.1 Die Idee – Quellen für wissenschaftliche Themen

Oft besteht das Problem der wissenschaftlichen Themensuche darin, überhaupt eine Idee für ein Thema zu haben, auf ein Thema zu kommen, das wissenschaftlich bearbeitet werden soll. Es gibt unterschiedliche Wege, wie man zu solchen Themenideen kommen kann (mehr dazu weiter unten), aber es ist ganz allgemein empfehlenswert, zunächst von seinen eigenen Interessenschwerpunkten in einem bestimmten Themengebiet (wie politische Kommunikation, politische PR, Medienwirkungsforschung, Medien und Gender usw.) auszugehen.

Wenn Sie bereits Ihre Interessenschwerpunkte kennen, ist es sinnvoll, bereits frühzeitig mit der Sammlung von eigenen Ideen zu wissenschaftlichen Themen anzufangen, zu denen Sie später eventuell eine Arbeit schreiben wollen. Diese Ideen können und dürfen noch vage sein, aber sie binden ihre Aufmerksamkeit mittel- bis langfristig und schaffen eine solide Motivationsbasis für die anstehenden Arbeiten.

Zunächst geht es darum, einen großen Themenbereich oder ein »Dachthema« auszuwählen. Es gibt eine Reihe von Quellen, die sich für die Suche nach wissenschaftlichen Themen eignen: Lehrveranstaltungen, Fachzeitschriften und Fachliteratur, Besuch von Instituts-Homepages und öffentlichen Veranstaltungen und schließlich auch die eigene Alltagserfahrung und Beobachtung.

Lehrveranstaltungen
(Vorlesungen, Proseminarien, Seminarien usw.)
Eines der einfachsten Mittel, um ein Thema zu finden, sind die Veranstaltungen, die in Ihrem Studiengang angeboten werden. Bei obligatorischen Veranstaltungen müssen Sie meistens ein Referat halten. Nutzen Sie diese Gelegenheit, sich gleich in ein Thema einzuarbeiten und zu vertiefen. In Vorlesungen ist es ebenfalls empfehlenswert, aktiv teilzunehmen, Fragen zu stellen und sich in die Diskussion einzubringen. So bekommen Sie Einblick in ein Themengebiet, und es werden sich bald Bereiche auftun, die eine interessante wissenschaftliche Arbeit ermöglichen. Gehen Sie mit Ihren Ideen zu Ihren Dozentinnen und Dozenten und erläutern Sie Ihre Themenidee. Daraus ergibt sich vielfach eine weitere, konkretere Idee.

Aktuelle Fachliteratur (Fachzeitschriften, Bücher usw.)
Aufsätze in Fachzeitschriften und aktuelle Fachbücher zeigen, mit welchen Themenfeldern und spezifischen Themen sich die Forschung im Augenblick auseinander setzt und wo in dieser Hinsicht noch Forschungslücken bestehen. Fachzeitschriften sind zuweilen eine gute Quelle für aktuelle und relevante wissenschaftliche Themen.

Mehr zu den einzelnen Fachzeitschriften in der Publizistik- und Kommunikationswissenschaft finden Sie in Kapitel 3 (»Literaturrecherche«), im Abschnitt 3.3.1 (»Literaturformen: Fachzeitschriften«).

Besuch von Instituts-Homepages und von öffentlichen Veranstaltungen
Oft ist auf der Homepage Ihres Instituts oder Ihrer Fakultät ein Forschungsprofil zu finden, in dem Forschungsschwerpunkte aufgelistet werden. An diese kann man sich bei der Themensuche halten. Sie geben einen groben Überblick über mögliche Themenbereiche. Innerhalb dieser Themenschwerpunkte müssen Sie sich dann aber weiter auf ein Thema fokussieren.

Eine andere Möglichkeit ist der Besuch von Veranstaltungen oder Vorträgen, die an Ihrer Universität oder an Ihrem Institut angeboten werden. Bei Referaten sind meistens Fachleute aus der Wissenschaft und Praxis anwesend, die auf Forschungslücken und notwendige Forschungsprojekte aufmerksam machen.

Eigene Alltagserfahrung und Beobachtung
Schließlich können wissenschaftliche Themen ihren Ursprung auch in Ihrer individuellen Alltagserfahrung und in Beobachtungen haben, die Sie zum Beispiel als Rezipient von Massenmedien machen. Bestimmte Alltagserfahrungen und Beobachtungen regen zum Fragen und Nachdenken an, was eine zentrale Voraussetzung jeder wissenschaftlichen Arbeit darstellt. Allerdings müssen ihre Alltagsbeobachtungen und die damit verbundenen Themen wissenschaftsfähig gemacht, das heißt in Beziehung zu bekannten Themen, Theorien und Fragestellungen gebracht werden.

> **Aktivität 2-1: Themenidee aufschreiben**
> Schreiben Sie Ihre erste vorläufige Themenidee oder mehrere Themenideen so präzise wie möglich auf, und beginnen Sie, Literatur dazu zu konsultieren.

Wenn Sie sich mit Hilfe der genannten Quellen für einen Themenbereich entschieden haben, vertiefen Sie Ihre Suche laufend und versuchen, Ihre Idee zu konkretisieren. Dabei sind folgende Quellen hilfreich:

Fachlexikon/wissenschaftliche Handbücher
Übersichtsdarstellungen finden sich in Fachlexika und wissenschaftlichen Handbüchern.

Schlagwortkatalog der Bibliothek
Der Bibliothekskatalog gibt Auskunft darüber, was sich an Büchern oder Zeitschriftenartikeln über ein Thema in der Bibliothek (zusätzlich) findet.

Suche in den Regalen der Bibliothek
In den entsprechenden Regalen in der Bibliothek nach Büchern zu Ihrem Thema suchen.

Bibliografische Suchsysteme
Ein elektronisches Suchsystem wird helfen, die passende Übersichts- oder Spezialliteratur zu finden.

2.2.2 Thema analysieren

Sie haben in der Zwischenzeit zumindest ein vages Thema, das Sie interessiert und das Sie im Rahmen einer schriftlichen Arbeit vertiefen möchten. Jetzt geht es darum, dieses Thema zu analysieren, damit Sie genauere Angaben dazu machen und die Fragestellungen schließlich ausformulieren können.

Der folgende Katalog hilft Ihnen, gezielte Fragen zur Themenanalyse zu stellen. Versuchen Sie, auf jede der Fragen möglichst präzise und ausführlich zu antworten. Notieren Sie sich Ihre Überlegungen zu jedem Punkt stichwortartig.

Schreiben Sie auf, was Sie zum jetzigen Zeitpunkt über Ihr Thema wissen oder zu wissen glauben:

Fragenkatalog zur Themenfindung

Thematik

- Wie lautet das (vorläufige) Thema?
- Was will oder möchte ich über das Thema wissen?
- Was finde ich an dem Thema besonders interessant oder spannend?
- Warum finde ich es spannend?
- Was interessiert mich nicht an dem Thema?
- Was möchte ich nicht herausfinden?

Problematik

- Welche Fragen und Probleme sehe ich und möchte ich beantwortet bzw. geklärt haben?
- Was möchte ich herausfinden?

Forschungsstand

- Was weiß ich bis jetzt zum Thema? Was habe ich dazu bereits gelesen/gelernt?
- Was weiß ich noch nicht, was muss ich mir – aus jetziger Sicht – noch aneignen?
- Vorläufige Beurteilung des Aufwandes
- Kann man das Thema aus jetziger Sicht bearbeiten, oder ist der Aufwand zu groß?
- Warum ist der Aufwand allenfalls zu groß?
- Was könnte ich ändern, um den Aufwand zu vermindern?

(vgl. FRANCK 1999:59; HUNZIKER 2002:39f.)

Um weiter zum Kern Ihres Themas vorzustoßen, müssen Sie das immer noch breite Themenfeld und Ihre Ideen dazu laufend ein- und abgrenzen. Ein Thema eingrenzen kann auch bedeuten, sich von einigem »Ballast« zu lösen oder gewisse Aspekte bewusst und absichtlich auszublenden. Das bedeutet nicht, dass Sie nicht genau und ausführlich über ein Thema schreiben, es heißt nur, dass Sie sich auf zentrale Aspekte konzentrieren und sich nicht mit Nebenschauplätzen beschäftigen.

Aktivität 2-2: Phasen der Themenanalyse
Ordnen Sie die in DIGIREP aufgeführten Arbeitsschritte den verschiedenen Phasen der Themenanalyse zu.

Ein Thema finden

2.2.3 Anforderungen an ein Thema

Um sich für ein Thema zu entscheiden, ist es auch wichtig, die Anforderungen an ein wissenschaftliches Thema zu kennen. Hier zeigen wir Ihnen die wichtigsten Anforderungen an ein wissenschaftliches Thema:

Richtlinien für ein Thema

Ein Thema sollte ...

... nicht unbekannt sein
Ein unbekanntes Thema kann sich als Fass ohne Boden erweisen: Man muss viele Vorarbeiten leisten, um es einschätzen zu können, um Wichtiges von Unwichtigem zu unterscheiden und das Thema greifbar zu machen. Selbst vermeintlich bekannte Themen bergen Neuigkeiten, wenn man sich intensiv mit ihnen beschäftigt – bei einem unbekannten Thema ist alles neu, es wird besonders schwer zu fokussieren.

... nicht zu groß sein
Ein zu großes Thema ist unhandlich, so dass es keine klare, deutliche Auseinandersetzung erlaubt. Anfänglich sehen viele Themen so aus, als würden sie nichts hergeben, doch wenn man sich ein Thema gründlich erarbeitet, birgt selbst ein als »klein« eingeschätztes Thema eine Fülle von Informationen.

... zugänglich sein
Die Zugänglichkeit eines Themas lässt sich beurteilen, wenn man sich mit dem Gegenstand etwas vertraut gemacht hat. Zunächst sind folgende Fragen zu klären: Ist Literatur vorhanden? Wie aufwändig ist es, diese Literatur zu beschaffen? Ist für die Untersuchung eine notwendige Ausstattung vorhanden, oder muss sie beschafft werden? Auf einer zweiten Ebene sollte man Folgendes prüfen: Ist die erforderliche Literatur verständlich? Sind die notwendigen Arbeitstechniken bekannt? Gibt es Hilfsmittel? (Mehr dazu in den folgenden Lernschritten und Abschnitten in diesem Kapitel.)

... interessant sein
Häufig werden in Seminaren Themen für Hausarbeiten vergeben, die so formuliert sind, dass sie auf das im Seminar vermittelte Wissen aufbauen. Vorformulierte Themen können zwar persönliche Interessen wecken, müssen diese aber nicht treffen – versuchen Sie daher, Ihr Thema neu in ihren eigenen Worten zu formulieren. Das persönliche Interesse an einem Thema muss nicht als unverzichtbare Voraussetzung schon von Beginn weg vorhanden sein, sondern es kann sich auch erst später durch die Beschäftigung mit der Thematik bilden und weiter entwickeln. Verspürt man dagegen eine starke Abneigung gegen ein Thema, sollte man besser die Finger davon lassen.

Fortsetzung der Tabelle auf der folgenden Seite

> **... nicht zu persönlich sein**
> Persönliche Betroffenheit ist deutlich vom Interesse für eine Sache zu unterscheiden: Während Interesse beflügelt, hemmt Involviertheit den Arbeitsprozess – irgendwann kommt ein Punkt, an dem man etwas nicht mehr so genau wissen will oder es nicht mehr möglich ist, einen Sachverhalt nüchtern, unbefangen oder unparteiisch darzustellen.
>
> **... nicht zu ehrgeizig sein**
> Man sollte mit der Bearbeitung eines Themas weder das Rad neu erfinden noch alle unbeantworteten Fragen klären wollen. Genau genommen, ist nie das Thema ambitioniert, sondern derjenige, der es sich stellt oder der es sucht, verrät in seiner Formulierung zu viel Ehrgeiz. Wichtig ist es, realistisch einzuschätzen, welche Ziele mit einem Text erreichbar sind, und sich selbst wie den Text nicht zu überfordern.
>
> (vgl. BÜNTING u. a. 2000:53)

Relevanz des Themas

Bei der Wahl eines Themas spielt, wie bei anderen wissenschaftlichen Tätigkeiten auch, die Relevanz eine wichtige Rolle: Ein Thema muss wissenschaftliche Relevanz besitzen, damit es bearbeitbar ist. Aber was macht die Relevanz des Themas aus, und wie können wir entscheiden, *ob* ein Thema relevant ist?

Ein Thema ist wissenschaftlich relevant, wenn es möglichst viele der folgenden Kriterien erfüllt:

Anschlussfähigkeit	Das Thema muss in der Forschungstradition eingeordnet werden können. Es soll sich also um einen Themenbereich handeln, der von der Theorie oder der Methodik her anschlussfähig ist an andere Untersuchungen in Ihrem Fach.
Forschungslücke	Es müssen Fragen behandelt werden, die bis anhin in dieser Art noch nicht beantwortet wurden oder die eine Neubeurteilung von bereits vorhandenen Ergebnissen zulassen.
Methoden	Es müssen bekannte Forschungsfragen mit neuen Methoden oder neuen Daten untersucht werden.

Ein weiteres Kriterium, auf welches ein wissenschaftliches Thema geprüft werden sollte, ist die *außerwissenschaftliche Problematik* oder der Problemaufriss. Eine wissenschaftliche Frage besteht darin, dass »Selbstverständliches in Frage gestellt wird, oder dass Nicht-Selbstverständliches hinterfragt« wird (von ALEMANN/FORNDRAN 2002:81). Das bedeutet auch, dass das Thema zentrale Probleme aufgreifen soll. Die wissenschaftliche Untersuchung des Themas soll dann dazu dienen,

Ein Thema finden

dieses Problem aufzuzeigen, zu analysieren und – im besten Fall – Lösungen anzubieten.

Um die Problematik eines Themas darzulegen, kann man sich ganz einfach fragen: Was ist das Problem? Versuchen Sie, die unterschiedlichen Aspekte der Problematik genau zu benennen und denkbare Lösungswege zu formulieren.

Kriterien für ein Thema

> **Hinweis**
> Von einer wissenschaftlichen Arbeit kann erst gesprochen werden, wenn das Thema die folgenden Kriterien erfüllt:
> - wenn neue, noch nicht beantwortete Fragen gestellt werden,
> - wenn in der wissenschaftlichen Literatur schon behandelte Fragen anders beantwortet werden,
> - wenn schon behandelte Fragen mit gleichen Aussagen beantwortet werden, die Antworten aber durch neue Argumentationsreihen oder mit neuen Methoden erklärt werden.
>
> (vgl. ALEMANN/FORNDRAN 2002:81)

Wenn Sie an diesem Punkt in der Bearbeitung Ihres Themas angekommen sind, müssen Sie mit der Literaturrecherche und anschließend mit dem Lesen der Literatur weiterfahren. Gehen Sie dazu vor, wie es in den Kapiteln 3 und 4 (»Literaturrecherche« bzw. »Lesen«) beschrieben wird.

> **Aktivität 2-3: Begriffsliste zu Thema erstellen**
> Erstellen Sie eine Liste mit Begriffen, die mit Ihrem Themenbereich im Zusammenhang stehen. Nehmen Sie anschließend eine erste Bewertung vor, indem Sie hervorheben, welche Begriffe Sie besonders interessieren, und streichen Sie gleichzeitig diejenigen Begriffe, die Sie nicht interessieren.

Literatur

ALEMANN, Ulrich von/FORNDRAN, Erhard (2002): Methodik der Politikwissenschaft. Eine Einführung in Arbeitstechnik und Forschungspraxis. Stuttgart: Kohlhammer.

BÜNTING, Karl-Dieter u. a. (1996, neue Version 2002): Schreiben im Studium. Ein Trainingsprogramm. Berlin: Cornelsen Verlag Scriptor.

FRANCK, Norbert (1999): Fit fürs Studium. Erfolgreich reden, lesen, schreiben. München: dtv.

HUNZIKER, Alexander W. (2002): Spaß am wissenschaftlichen Arbeiten. So schreiben Sie eine gute Diplom- oder Semesterarbeit. Zürich: SKV.

KRUSE, Otto (1999): Keine Angst vor dem leeren Blatt. Ohne Schreibblockaden durchs Studium. Frankfurt a. M.: Campus.

2.3 Die Fragestellung

2.3.1 Forschungsstand aufarbeiten

Bevor Sie das von Ihnen gewählte und analysierte Thema in eine Forschungsfrage bzw. eine Fragestellung umwandeln können, müssen Sie die vorhandene theoretische Literatur und eventuelle Forschungsberichte aufarbeiten und kennen. Solches Wissen beruht auf einer umfassenden Literaturrecherche zum spezifisch abgegrenzten Themenbereich.

Das Aufarbeiten des Forschungsstandes hat zwei zentrale Funktionen:

- Aktualität/Relevanz: Durch das Aufarbeiten des Forschungsstandes verhindern Sie, dass Sie entweder in Ihrer Arbeit hinter dem bereits erreichten Forschungsstand zurückbleiben und damit wichtiges, bereits vorhandenes Material nicht berücksichtigen oder dass Sie bereits »erledigte« Fragen wieder aufgreifen, statt sich neuen Aspekten und dringenden Fragen eines Problems zuzuwenden.
- Konkretisierung der eigenen Fragestellung: Durch den Forschungsstand verschafft man sich Kenntnisse über den Stand der Theorienbildung, über wichtige Untersuchungen und die bisher eingesetzten Methoden. Dadurch können die Vorstellungen über die Art der eigenen Untersuchung präzisiert werden

Die Fragestellung

Fassen Sie nun den aktuellen Forschungsstand in einem Dokument zusammen. Achten Sie darauf, dass Sie die Literatur nach bestimmten Kriterien ordnen:
- Die einfachste Lösung ist es, die Literatur chronologisch zu ordnen. Dabei gilt es aber zu beachten, dass die älteste Literatur zu einem Thema nicht immer die relevanteste ist. Von einer rein chronologischen Gliederung ist deshalb für die schriftliche Arbeit eher abzuraten.
- Sie können den Forschungsstand auch inhaltlich ordnen: Hier gilt es, Literatur mit einer ähnlichen inhaltlichen Ausrichtung (Theoriebezug, Untersuchungsgegenstand, Methode, Resultate usw.) zu gruppieren und systematisch darzustellen.
- Eine weitere Möglichkeit ist es, die Literatur nach Ihrer Plausibilität oder Relevanz für Ihr Thema zu ordnen: Hier geht es darum, die wichtigsten und einleuchtendsten Beiträge zu Ihrem Thema zuerst zu nennen und erst später auf weniger zentrale Beiträge einzugehen – mit der entsprechenden Kritik an diesen Beiträgen.

2.3.2 Entwickeln der Fragestellung

Für ein Thema ist es entscheidend, dass eine präzise Fragestellung im Zentrum steht. Allgemein gilt: Jede wissenschaftliche Arbeit ist die Antwort auf eine offene Frage. Deshalb muss – bevor das Thema empirisch oder theoretisch ausgearbeitet wird – zuerst eine Frage formuliert werden, die dem Thema zugrunde liegt. Ohne konkrete Fragestellung kann die Arbeit am Thema nicht aufgenommen werden. Und: Je genauer die Fragestellung formuliert wird, desto einfacher und überschaubarer ist Ihr Thema.

Aufgrund der Analyse Ihres Themas haben Sie bereits wichtige Aspekte herausgearbeitet, die für eine wissenschaftliche Fragestellung genutzt werden können.

Eine Forschungsfrage oder Fragestellung besteht – wie es der Name bereits sagt – aus einer oder mehreren Fragen. Aber: Nicht jede Frage ist schon für eine wissenschaftliche Bearbeitung geeignet. Es müssen auch Rahmenbedingungen erfasst und formuliert werden, unter denen eine gesuchte Antwort gelten soll (vgl. von ALEMANN/FORNDRAN 2002:85).

Meistens ist eine wissenschaftliche Fragestellung eine Kombination von einzelnen Untersuchungsfragen zum Thema und gliedert sich in eine übergeordnete Hauptfrage und mehrere untergeordnete Unterfragen. Inhaltlich kann die Forschungsfrage oder Fragestellung aus den folgenden Komponenten bestehen:

- *Forschungs- oder Untersuchungsgegenstand*
  Legen Sie fest, welchen Untersuchungsgegenstand Sie ins Zentrum Ihrer Arbeit stellen. Denken Sie daran, dass der Untersuchungs- oder Forschungsgegenstand vielfältige Ausprägungen haben kann. Es kann sich dabei um Personen, Organisationen, Staaten (Akteure), aber auch um Inhalte (beispielsweise Gesetzestexte, Buchtexte, Werbung, TV- oder Radiosendungen) oder Phänomene wie die Mediatisierung handeln.
- *Untersuchungsziel*
  Auch das Untersuchungsziel sollten Sie genau kennen und es in der Fragestellung ausformulieren. Untersuchungsziele können Vergleiche, Analysen, Theoriebildung, aber auch Literaturverarbeitungen oder Beschreibungen (Deskriptionen) sein.
- *Räumlicher und zeitlicher Geltungsbereich*
  Wenn möglich, sollten Sie definieren, auf welchen räumlichen und zeitlichen Bereich Sie sich beschränken. Sie können sich dabei auf einen Ort, der sich klar abgrenzen lässt, wie ein Land, eine Region oder zwei Länder im Vergleich konzentrieren oder auf Institutionen, Organisationen oder in anderer Weise abgrenzbare Bereiche der Gesellschaft. Versuchen Sie außerdem, zu definieren, wann Sie etwas untersuchen wollen oder über welche Zeitspanne hinweg Sie eine Betrachtung vornehmen.
- *Angewandte Methode/Theorie*
  Die angewandte Methode oder die verwendete Theorie kann ebenfalls in der Forschungsfrage enthalten sein (zu den Theorien vgl. auch die Abschnitte 2.4 und 2.5).

Die Fragestellung

> **Fragestellungen der Publizistik- und Kommunikationswissenschaft**
> BONFADELLI, JARREN und SIEGERT (2005:11) nennen eine Reihe von originären Fragestellungen, die im Fach der Publizistik- und Kommunikationswissenschaft entwickelt wurden und die Sie beim Formulieren einer Fragestellung herbeiziehen können:
> - *Medien und Gesellschaft:* Die politischen und rechtlichen Rahmenbedingungen und die ökonomischen Voraussetzungen, aber auch die medientechnische Basis, unter denen sich die Massenkommunikation vollzieht.
> - *Medienforschung:* Die Organisationen des Mediensystems und Strukturen im Mediensystem und deren Entwicklung
> - *Kommunikatorforschung (PR und Journalismus):* Die Prozesse der Produktion von Medienbotschaften.
> - *Aussagenforschung:* Die durch Massenmedien in Form von manifesten und latenten Aussagen produzierte Medienrealität.
> - *Publikumsforschung:* Die Publika der Massenmedien, ihre Strukturen und Muster der Mediennutzung und die dahinter stehenden Wünsche und Erwartungen.
> - *Wirkungsforschung:* Die individuellen und sozialen, intendierten und zufälligen, kurz- wie langfristigen, sozial erwünschten, aber auch schädlichen Effekte der Massenmedien auf Wissen, Einstellungen, Emotionen und Verhaltensweisen.

2.3.3 Begriffe definieren

Für die Formulierung einer wissenschaftlichen Fragestellung ist es wichtig, dass Sie eine Begriffsklärung vornehmen. Die Begriffsklärung ist im wissenschaftlichen Prozess deshalb so zentral, weil Sie erstens wissen müssen, welche Bedeutungen und Definitionen die Begriffe haben, mit denen Sie arbeiten. Um mit Begriffen weiterzuarbeiten, müssen Sie sie in Beziehung zueinander setzen. Zweitens ist eine Begriffsklärung notwendig, wenn die von Ihnen verwendeten Begriffe allen Interessierten, die Ihre Arbeit lesen, zugänglich sein sollen.

Wie werden Begriffe definiert?

Die Begriffsdefinition und die Arbeit mit gewählten Begriffen erfordert Reflexion und Auseinandersetzung. Meist erfolgt eine erste Begriffsdefinition über das Nachschlagen in einem Lexikon. Beachten Sie, dass Sie nicht »nur« die Universallexika zur Begriffsdefinition verwenden, sondern bewusst auch Fachlexika heranziehen.

Viele Begriffe werden auch in der Grundlagenliteratur (Einführungsliteratur) erwähnt, ohne dass sie explizit definiert werden. Das bedeutet, dass Sie die Bedeutung und die Verwendung dieser Begriffe herausarbeiten müssen, um sie weiter zu verwenden. Oft müssen unterschiedliche Begriffe einander auch gegenübergestellt werden, um über sie zu reflektieren.

Beispiel: Definitionen von »Politische Kommunikation« (JARREN/DONGES 2002:20)

Wir empfehlen Ihnen, die zentralen Begriffe präzise zu definieren und sie in einem Glossar zusammenzutragen. Die wichtigsten Begriffe sind dabei diejenigen, die im Titel Ihrer Arbeit (Thema) und in Ihrer Fragestellung vorkommen. Es müssen aber auch Begriffe im Glossar berücksichtigt werden, die in einem weiter gehenden Zusammenhang mit Ihrem Thema stehen. Dazu gehören das allgemeine Themengebiet und verwandte Gebiete, von denen Sie sich bewusst abgrenzen möchten. Die Definitionen sollten außerdem dem aktuellsten Wissensstand entsprechen und deshalb aus aktuellen wissenschaftlichen Quellen (z. B. Fachlexika) stammen.

Literatur

ALEMANN, Ulrich von/FORNDRAN, Erhard (2002): Methodik der Politikwissenschaft. Eine Einführung in Arbeitstechnik und Forschungspraxis. Stuttgart: Kohlhammer.

BONFADELLI, Heinz/JARREN, Otfried/SIEGERT, Gabriele (2005): Publizistik- und Kommunikationswissenschaft – ein transdisziplinäres Fach. In: Heinz BONFADELLI/Otfried JARREN/Gabriele SIEGERT (Hrsg.): Einführung in die Publizistikwissenschaft. 2. Auflage. Bern: Haupt (UTB). S. 3–16.

BORTZ, Jürgen/DÖRING, Nicola (2002): Forschungsmethoden und Evaluation für Sozialwissenschaftler. 3. Auflage. Berlin/Heidelberg: Springer.

JARREN, Otfried/DONGES, Patrick (2002): Politische Kommunikation in der Mediengesellschaft. Eine Einführung. Band 1: Verständnis, Rahmen, Strukturen. Wiesbaden: VS Verlag für Sozialwissenschaften.

2.4 Rahmenbedingungen des Themas

2.4.1 Ressourcen richtig einsetzen

Die Bearbeitbarkeit eines Themas hängt davon ab, mit wie viel Aufwand die gesamte Arbeit verbunden ist, die aus der Themenwahl resultiert. Dabei geht es sowohl um inhaltlichen als auch um zeitlichen Aufwand. Diesen Aufwand sollten Sie möglichst genau abschätzen können, und dies bereits zu einem frühen Zeitpunkt – nämlich bei der Themenwahl.

Rahmenbedingungen des Themas

Wenn Sie merken, dass der Aufwand, den das von Ihnen gewählte Thema verlangt, unverhältnismäßig groß ist, müssen Sie Ihr Thema besser eingrenzen oder anders formulieren. Folgende Aspekte sollten Sie deshalb vorgängig abklären:

Informationen	• Gibt es wichtige Informationen, die zum Thema noch fehlen? • Welche Informationen müssen Sie sich für das Verständnis des Themas noch beschaffen? • Wo können Sie sich diese beschaffen? • Ist es überhaupt möglich, an diese Informationen heranzukommen? (Insbesondere ist hier daran zu denken, ob empirische Daten verfügbar oder zu beschaffen sind.) • Wie viel Zeit benötigen Sie, um die fehlenden Informationen zu beschaffen?	**Tabelle 2-2:** Chancen und Risiken bei der Themenwahl (Quelle: Hunziker 2002:39)
Chancen	• Welches sind die günstigen Umstände und fördernden Faktoren bei diesem Thema? • Welches sind die Vorteile? • Wo gibt es Synergien (evtl. mit anderen bereits bearbeiteten Themen, am Institut usw.)? • Wie können Sie diese Vorteile nutzen? • Welche Zeitersparnis bringt Ihnen dies ein?	
Risiken	• Gibt es Risiken und Widerstände bei der Bearbeitung des gewählten Themas? • Besteht ein grundsätzliches Problem mit dem gewählten Thema? • Was können Sie dagegen unternehmen? • Wie können Sie dieses Problem angehen oder es ausschließen?	

Erstellen Sie als weitere Maßnahme einen möglichst detaillierten Zeitplan, in welchem Sie aufführen, wie viel Zeit Sie für welche Tätigkeit brauchen. Wenn Sie das Gefühl haben, dass Sie zu viel Zeit brauchen, müssen Sie das Thema entsprechend anpassen. Der Zeitplan darf nicht zu eng sein, denn er soll es Ihnen ermöglichen, konsequent danach zu arbeiten.

Aktivität 2-4: Zeitplan erstellen
In Tabelle 2-3 finden Sie ein Beispiel für einen Zeitplan über ein Semester von 14 Wochen. Sie können diesen Zeitplan von DIGIREP als Word-Datei herunterladen, speichern und darin Ihre eigene Zeitplanung einfüllen.

Tabelle 2-3
Zeitplan für wissenschaftliche Arbeit

Woche Arbeitsschritt	1	2	3	4	5	6	7	8	9	10	11	12	13	14
Thema finden		■	■											
Fragestellung finden und eingrenzen				■	■									
Kapitel-Grobstruktur und Forschungsdesign festlegen					■									
Realisierbarkeit prüfen					■	■								
Literatur gezielt suchen						■	■							
Literatur lesen und strukturieren							■	■						
Fragestellung bearbeiten								■	■	■	■	■		
»Zwischenhalt« (Reflexion)									■					
Text verfassen											■	■		
Layout/Redaktion													■	
Korrekturlesen (lassen)													■	
Ausdrucken und binden														■
Reserve														■

2.4.2 Stolpersteine vermeiden

Selbständigkeit und Originalität sind bei der Wahl eines wissenschaftlichen Themas durchaus erwünscht. Dennoch sollten Sie einen »goldenen Mittelweg« finden zwischen dem bloßen Übernehmen von bereits vorhandenen Ideen und dem (irrealen) Anspruch, etwas Geniales und noch nie Dagewesenes zu vollbringen:

Rahmenbedingungen des Themas

Selbständigkeit und Originalität sind wertvoll und durchaus erwünscht, wenn durch Ihre Themenwahl klar wird, dass	Selbständigkeit und Originalität kann der Themenwahl und schließlich Ihrer wissenschaftlichen Arbeit schaden, wenn
• wissenschaftliche Problemstellungen erkannt werden, • die Relevanz von wissenschaftlichen Problemen diskutiert wird, • Fragestellungen begründet, konkretisiert, geordnet und abgegrenzt werden.	• Ihr Thema sich nicht mehr in die Forschungstradition einordnen lässt, und damit keine Anschlussfähigkeit besitzt, • wenn das Thema nur Ihren persönlichen Interessen entspricht und keine wissenschaftliche Relevanz besitzt.

Tabelle 2-4
Nutzen und Schaden von Selbständigkeit und Originalität

Bevor Sie sich für ein Thema entscheiden, sollten Sie also gewisse »*Stolpersteine*« aus dem Weg räumen, auf die Sie bei der Themenwahl treffen können. Die Arten von Themen, die hier aufgeführt sind, sind wissenschaftlich schwer bearbeitbar und deshalb nicht empfehlenswert:

Übersichtsthemen
Vorsicht ist geboten bei Themen, die einen Überblick über einen komplexen Bereich geben wollen. Bei solchen Themen läuft man oft Gefahr, zu viel zu wollen und nicht alles unter einen Hut bringen zu können. Themen wie »Staatskommunikation in der Schweiz – eine Übersicht« lassen sich schwerlich wissenschaftlich bearbeiten.

Theoretische Themen
Ein anderes schwieriges Terrain sind die theoretischen Themen. Solche Themen sind sehr anspruchsvoll, weil sie abstrakt sind und wenig Bezug haben zu realen Tatbeständen. Sie sind auch nicht empirisch nachvollziehbar. Bei dieser Art von Themen besteht die Gefahr, dass Theorien, die von einem bestimmten Urheber stammen, von den Studierenden in der wissenschaftlichen Arbeit bloß reproduziert werden. Der Erkenntnisgewinn bleibt dabei gering. Bei einem theoretischen Thema wie zum Beispiel »Die Theorie der Massenmedien bei Luhmann« ist außerdem zu beachten, dass schon vieles dazu geschrieben worden ist und dass es schwierig ist, eine solche Theorie im Rahmen einer wissenschaftlichen Arbeit nochmals neu zu interpretieren oder zu verstehen. Bei einer Übersichtsarbeit zu einem Thema wie »Systemtheorien und Massenmedien« wird sich hingegen zeigen, dass es kaum möglich ist, alle unterschiedlichen Ausprägungen von Systemtheorien im Zusammenhang mit den Massenmedien erschöpfend zu behandeln.

Aktuelle Themen und Modethemen
Viele Themen, die in den Medien behandelt werden und welche die Gesellschaft bewegen, werden von Studierenden für wissenschaftliche Arbeiten aufgegriffen. So stehen zum Beispiel Themenvorschläge wie Mobbing, Product Placement oder Krisen-PR auf vielen Wunschlisten der Studierenden. Das heißt nicht von vornherein, dass solche Themenvorschläge schlecht sein müssen.

Fortsetzung der Tabelle auf der folgenden Seite

Aber es gilt auch hier: Die Problemstellung und die wissenschaftliche Relevanz müssen begründet werden können, eine konkrete Fragestellung muss vorhanden sein. Achten Sie außerdem darauf, dass Sie nicht Themen bearbeiten, die zwar aktuell, aber in Ihrer Fachrichtung (z. B. Publizistik- und Kommunikationswissenschaft) nicht anschlussfähig sind: Zu einem Thema wie Mobbing finden Sie beispielsweise keine publizistik- und kommunikationswissenschaftliche Fachliteratur. Es wäre wahrscheinlich eher ein Thema für den Fachbereich Arbeitspsychologie. Deshalb sollten Sie darauf achten, dass bei einem Arbeitsgebiet, für das Sie sich entschieden haben, einschlägige fachwissenschaftliche Literatur vorliegt und die Anschlussfähigkeit gewährleistet bleibt.

Persönliche Themen, persönliche Erfahrungen
Viele Studierende haben (Berufs-)Erfahrungen gemacht, die sie gerne mit der wissenschaftlichen Arbeit, die sie verfassen sollen, in irgendeiner Weise verbinden würden: Sie interessieren sich für ein Thema, das ihnen im Alltag begegnet, und fragen sich, ob man es auch wissenschaftlich bearbeiten könnte. Das persönliche Interesse für einen thematischen Bereich ist zwar eine gute Voraussetzung für die Wahl eines wissenschaftlichen Themas, und es ist auch möglich, eine wissenschaftliche Arbeit im Rahmen eines Praktikums oder als Dokumentation oder Studie bei einer Firma zu verfassen. Dennoch sollten Sie in jedem Fall abklären, ob das Thema eine konkrete Fragestellung beinhaltet und ob das Problem wissenschaftliche Relevanz besitzt. Es lohnt sich auf jeden Fall, dies auch mit der Betreuungsperson an der Universität zuvor genau zu klären.
Das folgende Zitat bringt das notwendige Gleichgewicht zwischen Nähe und Distanz zum eigenen Thema treffend zum Ausdruck:
»Das Thema der Arbeit sollte Sie persönlich herausfordern und ihre wissenschaftliche Neugierde wecken, jedoch möglichst nicht intensiv mit Ihrer Lebensgeschichte verknüpft sein. Nicht selten versuchen Schreibende nämlich, mit ihrer wissenschaftlichen Arbeit zugleich ein gerade anstehendes Lebensproblem zu lösen. Können Sie hingegen mit innerer Distanz an Ihr Thema herangehen, sind die Voraussetzungen günstiger« (vgl. ESSELBORN-KRUMBIEGEL 2002:37).

Aktivität 2-5: Klappentext schreiben
Schreiben Sie einen »Klappentext« zu Ihrem Thema oder dem von Ihnen vorgeschlagenen Themenbereich.
Gehen Sie folgendermaßen vor:
- Stellen Sie sich vor, dass Sie später ein Buch über Ihr Thema schreiben möchten. Verfassen sie jetzt dazu den »Klappentext«, in dem Sie beschreiben, warum das Thema spannend und relevant ist – die Leute sollen Ihr Buch nach dem Lesen des Klappentextes schließlich kaufen!
- Formulieren Sie das Problem und führen Sie die Relevanz des Themas aus.

- Formulieren Sie auch, welches die zentrale Fragestellung ist und welche Unterfragen sich zu diesem Thema formulieren lassen.

Vorgabe: Der Text darf nicht mehr als 2000 Zeichen umfassen.

Rekapitulation
Was haben Sie nun in diesem ersten Teil des Kapitels »Themen und Theorien« hinzugewonnen?
- Sie haben sich Ihre Forschungsfrage so zurechtgelegt, dass Sie eine genaue Fragestellung haben und damit weiterarbeiten können.
- Sie wissen, was Sie wissen wollen (und was Sie nicht wissen wollen), und können sich jetzt gezielt diejenige Literatur und Information suchen, die von zentraler Bedeutung ist für Ihre Arbeit.
- Sie kennen die zentralen Begriffe Ihres Themas und können diese genau definieren.
- Sie kennen die Stolpersteine bei der selbständigen Themenwahl und wissen, wie Sie sie vermeiden können.

Literatur
ESSELBORN-KRUMBIEGEL, Helga (2002): Von der Idee zum Text. Eine Anleitung zum wissenschaftlichen Schreiben im Studium. 2. Auflage. Paderborn: Schöningh.
HUNZIKER, Alexander W. (2002): Spaß am wissenschaftlichen Arbeiten. So schreiben Sie eine gute Diplom- oder Semesterarbeit. Zürich: SKV Verlag.

2.5 Grundlagen der Theoriearbeit in wissenschaftlichen Arbeiten

Zu jeder wissenschaftlichen Arbeit gehört in der Regel eine theoretische Fundierung. Dazu sind Grundkenntnisse der publizistik- und kommunikationswissenschaftlichen Theorien notwendig, die im vorliegenden Buch aus Raumgründen nicht vermittelt werden. An dieser Stelle muss der Verweis auf die bereits genannten Einführungswerke in die Kommunikationswissenschaft genügen (siehe z. B. BONFADELLI/JARREN/SIEGERT 2005).

Wie kann der Begriff der Theorie definiert werden? Diese Frage wird unterschiedlich beantwortet, und hinter den unterschiedlichen Definitionsversuchen stehen wiederum unterschiedliche Auffassungen über den wissenschaftlichen Erkenntnisprozess und die Aufgaben der Wissenschaft (vgl. DONGES/LEONARZ/MEIER 2005:105). Auch diese Diskussion kann an dieser Stelle nicht vertieft werden, es soll hier nur eine erste und allgemein gehaltene Begriffsbestimmung vorgenommen werden. Theorien können zunächst von ihrer Form her als »sprachliche Gebilde« (BURKART 2003:170) definiert werden, die »einen logifizierten Blick auf einen Ausschnitt der Welt« (SCHÜLEIN/REITZE 2002:238) bieten. Sie sind aufgebaut als »systematisch geordnete Menge von Aussagen bzw. Aussagesätzen über einen Bereich der objektiven Realität oder des Bewusstseins« (KLAUS/BUHR 1972:1083). Im Gegensatz zu Alltagsbeschreibungen kommen Theorien durch Reflexion zu Stande, sind also distanziert und ausgearbeitet (vgl. SCHÜLEIN/REITZE 2002:238). Schließlich haben Theorien zwei Hauptfunktionen: Sie erklären bekannte Sachverhalte innerhalb ihres Objektbereiches, und sie gestatten Voraussagen (Prognosen) über neue Sachverhalte (vgl. KLAUS/BUHR 1972:1083).

Aber: Welche Theorie erklärt welchen Zusammenhang? Und wie können Theorien auf wissenschaftlich entdeckte oder bearbeitete Themen angewendet werden? Es gibt kein »Rezept« für die Anwendung von wissenschaftlichen Theorien auf bestimmte Themen. Das gleiche Thema kann theoretisch unterschiedlich untermauert werden, und die gleiche Gesetzmäßigkeit lässt sich auf unterschiedliche wissenschaftliche Gegenstände anwenden.

Hinzu kommt, dass gerade die Sozialwissenschaften (zu denen die Publizistik- und Kommunikationswissenschaft gezählt wird) durch einen so genannten Theorienpluralismus gekennzeichnet ist – es existiert also keine alles dominierende theoretische Perspektive. Dies macht die Suche nach geeigneten Theorien zu einem bestimmten Thema natürlich nicht einfacher. Dennoch gibt es auch im Bereich der Publizistik- und Kommunikationswissenschaft verschiedene Systematiken der verwendeten Theorien, von denen man ausgehen kann – und ausgehen sollte – und die jeder Theorieanwendung zugrunde liegen. Im Folgenden wird eine sinnvolle Systematik aufgezeigt:

Voraussetzungen für die Theoriearbeit
Um relevante theoretische Perspektiven für eine wissenschaftliche Arbeit zu erkennen, müssen Sie zuerst drei wichtige Voraussetzungen auf verschiedenen Stufen der Theoriearbeit erfüllen:
- Sie müssen die Metatheorien der Sozialwissenschaften kennen, um Ihr Thema in dieser Systematik einordnen zu können.

Grundlagen der Theoriearbeit in wissenschaftlichen Arbeiten

- Sie müssen die sozialwissenschaftlichen Basistheorien der Publizistik- und Kommunikationswissenschaft kennen, die dazu dienen, auf der Makroebene Aussagen über das Verhältnis von Medien und Gesellschaft zu machen.
- Sie müssen die Literatur kennen, die zu dem von Ihnen gewählten Themenbereich vorhanden ist und in der die gebräuchlichsten Theorien und ihre Verwendung auf den Untersuchungsgegenstand dargestellt wird.

Die notwendigen Kenntnisse und Voraussetzungen zur Arbeit mit Theorien können Sie sich auf unterschiedlichen Wegen erarbeiten. Eine Möglichkeit stellt das Modul »Theorien der Massenmedien und der öffentlichen Kommunikation« im Lernsystem DIGIREP – »Einführung in die Publizistikwissenschaft« dar. Falls an Ihrem Institut, Ihrer Universität andere Einführungen in die Theorien verwendet werden, so benutzen Sie sinnvollerweise diese Literatur.

> **Aktivität 2-6: Metatheorien**
> Die sozialwissenschaftlichen Theoriestränge und Metatheorien finden Sie in den ersten zwei Abschnitten des Moduls »Theorien der Massenmedien und der öffentlichen Kommunikation« im Lernsystem DIGIREP – »Einführung in die Publizistikwissenschaft« beschrieben: Zur Einführung: Wozu Theorien? Theoretische Zugänge zu den Medien in der Gesellschaft: ein Überblick.

> **Aktivität 2-7: Sozialwissenschaftliche Basistheorien der Publizistik- und Kommunikationswissenschaft**
> Lernen Sie, welches die zentralen Theorien für die Disziplin der Publizistik- und Kommunikationswissenschaft sind, indem Sie wiederum im Modul »Theorien der Massenmedien und der öffentlichen Kommunikation« im Lernsystem DIGIREP – »Einführung in die Publizistikwissenschaft« die folgenden Abschnitte durcharbeiten:
> - Handlungstheorien
> - Systemtheorien
> - Kritische Theorie
> - Cultural Studies

*Verfeinerte theoretische Konzepte der Publizistik-
und Kommunikationswissenschaft*
Eignen Sie sich durch Literaturstudium Kenntnisse über die Verwendung von publizistik- und kommunikationswissenschaftlichen Theorien in Ihrem Themenbereich an. Gehen Sie dabei nach den Angaben aus Kapitel 3 und 4 vor (»Literaturrecherche« und »Lesen«).

Die Suche nach Theorien
Aufgrund der Kenntnisse, die Sie anhand des vorangehenden Lernschrittes erworben haben, müssen Sie jetzt eine Theorie-Wahl treffen. Auch diese Wahl ist natürlich nicht beliebig, sondern muss nach klar strukturierten Vorgaben erfolgen. Die folgende Aktivität kann ihnen dabei eine gewisse Hilfestellung bieten:

Aktivität 2-8: Hilfestellung bei der Theoriewahl
In DIGIREP finden Sie einen Fragebogen, der Ihnen strukturierte Hilfestellungen bei der Theorienwahl bietet.

Literatur
BONFADELLI, Heinz/JARREN, Otfried/SIEGERT, Gabriele (2005): Publizistik- und Kommunikationswissenschaft – ein transdisziplinäres Fach. In: Heinz BONFADELLI/Otfried JARREN, Gabriele SIEGERT (Hrsg.): Einführung in die Publizistikwissenschaft. 2. Auflage. Bern: Haupt (UTB). S. 3–16.
BURKART, Roland (2003): Kommunikationstheorien. In: Günter BENTELE/Hans-Bernd BROSIUS/Otfried JARREN (Hrsg.): Öffentliche Kommunikation. Wiesbaden: Westdeutscher Verlag. S. 169–192.
DONGES, Patrick/LEONARZ, Martina/MEIER, Werner A. (2005): Theorien und theoretische Perspektiven. In: Heinz BONFADELLI/Otfried JARREN/Gabriele SIEGERT (Hrsg.): Einführung in die Publizistikwissenschaft. 2. Auflage. Bern: Haupt (UTB). S. 103–146.
KLAUS, Georg/BUHR, Manfred (1972): Philosophisches Wörterbuch. Berlin: Bibliographisches Institut.
SCHÜLEIN, Johann August/REITZE, Simon (2002): Wissenschaftstheorie für Einsteiger. Wien: WUV (UTB).
WIENOLD, Hanns (1994): Theorie. In: Werner FUCHS-HEINRITZ et al. (Hrsg.): Lexikon zur Soziologie. 3., völlig neu bearb. und erw. Aufl. Opladen: Westdeutscher Verlag. S. 676–677.

2.6 Theorien anwenden

Wenn Sie sich anhand der Fragebogen im letzten Lernschritt (Aktivität 2-8) eine Theorie oder einen Theoriestrang ausgewählt haben, geht es nun darum, gedanklich und schriftlich darzulegen, wie diese Theorie in die wissenschaftliche Arbeit einfließt.

Natürlich müssen Sie sich zuerst mit der gewählten Theorie auseinander setzen und die entsprechende Literatur kennen. Durch diese Auseinandersetzung mit der gewählten Theorie und den Texten dazu, die ja meistens auch einen empirischen Teil aufweisen und sich somit wieder an Ihrem Thema messen lassen, finden Sie auch neue Anknüpfungspunkten zwischen Thema und Theorie.

Gehen Sie dann dazu über, diese Überlegungen zu verschriftlichen.

Die Präsentation von Theorien in einer wissenschaftlichen Arbeit wird folgendermaßen strukturiert:

- *Zusammenfassung:* Die gewählte Theorie wird zuerst zusammenfassend dargelegt. Hier müssen Sie Angaben zum Urheber, dem Autor dieser Theorie machen und die grundlegenden Ideen und Überlegungen zur Theorie in eigenen Worten darlegen.
- *Begründung:* Aufgrund Ihres Untersuchungsgegenstandes wird nun dargelegt, warum diese Theorie gewählt wurde. Dazu können Sie die Antworten auf die Theorie-Fragebogen aus dem letzten Lernschritt (Aktivität 2-8) anwenden und weitere Angaben aus der Literatur beiziehen. Vergleichen Sie Ihr Thema mit verwandten Themen, und versuchen Sie, die Parallelen und Unterschiede herauszuarbeiten. Dieser Vorgang erfolgt ebenfalls schriftlich.
- *Konzeptspezifikation:* Da sich die meisten Theorien in den Sozialwissenschaften auf nicht exakt definierte Begriffe beziehen, müssen Sie eine Präzisierung der verwendeten Konzepte und Begriffe innerhalb der gewählten Theorie durchführen. Erstellen Sie dazu wieder ein Glossar, in dem Sie alle verwendeten Begriffe aufführen. Mit Hilfe der definierten Begriffe können Sie darlegen, welche Aspekte des theoretischen Begriffes berücksichtigt werden und wie dies geschieht.
- *Operationalisierung:* Die theoretischen Begriffe und Konstrukte müssen den beobachtbaren Sachverhalten Ihres Themas (»Indikatoren«) zugeordnet werden. Nur so werden Messungen oder Ana-

lysen möglich. Diesen Vorgang nennt man »Operationalisierung«. Operationalisierungen bestehen demnach aus Anweisungen, wie Messungen oder Analysen für einen bestimmten Begriff vorgenommen werden.
(vgl. SCHNELL/HILL/ESSER 1999:10)

Aktivität 2-9: Abstract schreiben
Formulieren Sie einen *Abstract*/ein Exposé zu Ihrem Thema, indem Sie folgende Punkte beachten und diese in Ihrem Abstract erwähnen:
- Forschungsanstoß,
- Forschungsgegenstand,
- Forschungsziel,
- Forschungsfrage,
- Theorie,
- unter Umständen Untersuchungsmethode.

Literatur
SCHNELL, Rainer/HILL, Paul B./ESSER, Elke (1999): Methoden der empirischen Sozialforschung. München: Oldenbourg.

3 Literaturrecherche

3.1 Sinn und Zweck der Literatursuche

3.1.1 Wozu dient eine Literaturrecherche?

In der Wissenschaft ist auf allen Ebenen ein ständiger Informationsaustausch nötig: Studierende sind darauf angewiesen, dass sie aus der Literatur mehr über ihr Fachgebiet erfahren. Forschende müssen wissen, was bereits erforscht wurde und wie die Resultate aussehen – sie wollen Kenntnis über den aktuellen Forschungsstand erwerben.

Der Informationsaustausch in der Wissenschaft erfolgt größtenteils über die Fachliteratur. Wer etwas über die Wissenschaft erfahren, wer wissenschaftlich arbeiten will, muss Zugriff zur Fachliteratur haben.

Die Hindernisse auf dem Weg zum begehrten Text sind jedoch zahlreich: Wo anfangen und wann aufhören? Wo suchen? Was mit der gefundenen Literatur anfangen?

Im Laufe Ihres Studiums sollten Sie deshalb zu »Profis« der Literaturrecherche werden. Sie brauchen dazu keineswegs übermenschliche Fähigkeiten – die Beschaffung der geeigneten Literatur für eine wissenschaftliche Arbeit ist gewissermaßen ein Handwerk: Sie brauchen nur zu wissen, was Sie suchen. Und Sie müssen sich mit dem notwendigen Werkzeug vertraut machen. Dies können Sie in diesem Kapitel lernen.

> **Aktivität 3-1: Begriffe der Literaturrecherche**
> Wie viel wissen Sie bereits über die wissenschaftliche Literaturrecherche? Um diesen Einstiegstest in DIGIREP lösen zu können, müssen Sie einige grundlegende Begriffe der Wissenschaft und der Literaturrecherche kennen.

3.1.2 Wie Literatur suchen?

Ein universelles Rezept für die Literatursuche gibt es nicht. Dennoch ist die Recherche ein überschaubarer Arbeitsprozess und kann Schritt für Schritt durchgeführt werden. Ab und zu wird es allerdings notwendig sein, dass Sie einen Schritt zurückgehen, bevor Sie mit der Arbeit weiterfahren. Der Prozess der Literatursuche lässt sich schematisch wie folgt darstellen:

Aufgabe / Thema definieren
- Thema der Literaturrecherche festlegen
- Suchbegriffe mit Schlag- und Stichwörtern festlegen
- Vorgehen bei der Literaturrecherche planen

Was suchen?
- Formen der Literatur: Zeitschriften, Monografien, Handbücher, etc.
- Typen der Literatur: Klassiker, Standardwerke, Primär-/Sekundärliteratur
- Qualität der Literatur: Relevanz und Aktualität

Wie suchen?
- Suchinstrumente bestimmen: Bibliothekskataloge, Bibliografien, Internet, etc.
- Suchtaktik bestimmen:
- systematische Suche
- Suche nach dem Schneeballprinzip

Wo suchen?
Fundorte der Literatur bestimmen:
- in Bibliotheken
- im Internet
- in Buchhandlungen

Dokumentieren
- Bibliografische Angaben zur gefundenen Literatur notieren
- Merkmale zu jedem Text notieren
- eigene Beurteilung der Texte vornehmen

Abbildung 3-1
Die wissenschaftliche Literaturrecherche. (Quelle: Eigene Darstellung)

Phase 1: Aufgabe und Thema bestimmen

Es lassen sich die folgenden Phasen unterscheiden: In einer *ersten* Phase geht es darum, das Thema und auch die genaue Aufgabe der Literatursuche zu definieren. In der *zweiten* Phase müssen Sie sich Gedanken machen, was eigentlich gesucht werden soll: topaktuelle Untersuchungen aus den vergangenen zwei Jahren oder in erster Linie klassische Texte zum Thema? Ausgehend von den Entscheidungen aus der ersten und zweiten Phase bestimmen Sie in der *dritten* Phase, wie Sie suchen wollen, das heißt, welche Suchstrategien und Suchsysteme Sie verwenden. Eng damit verknüpft ist die *vierte* Phase, in der Sie die Fundorte der Literatur bestimmen und sich die Literatur zugänglich machen. In der *fünften* Phase müssen Sie die Qualität ihrer Suchergebnisse bewerten und eine Auswahl treffen. Schließlich geht es in der *sechsten* Phase darum, die Ergebnisse der Literatursuche zu dokumentieren und zu beurteilen. Falls Sie nach dem Durchlaufen all dieser Phasen zum Schluss kommen, dass Menge oder Qualität ihrer Suchergebnisse nicht ausreichen, beginnt damit eine neue Runde im hier skizzierten Kreislauf der Literatursuche.

In der Folge wollen wir die einzelnen Phasen der Literatursuche etwas genauer vorstellen.

3.2 Phase 1: Aufgabe und Thema bestimmen

Exkurs: Stichwörter und Schlagwörter
Bei der Suche in Katalogen werden *Stichwörter* und *Schlagwörter* verwendet. Wo liegt der Unterschied?

Ein *Stichwort* ist (in Katalogen) ein Wort aus einer Titelangabe (Autor, Titel, eventuell weitere Felder wie Verlag, Sprache, Jahr). Die Literatursuche anhand eines Stichworts hat zwei große Nachteile: Erstens bekommen Sie nur eingeschränkte Ergebnisse, denn das gesuchte Wort muss ja im Text (bzw. im Titel) vorkommen. Zweitens müssen Sie erheblichen Aufwand treiben, bis Sie alle denkbaren Stichwortvarianten gebildet und verwendet haben.

Der Grund: Es gibt nicht nur das eine Stichwort, das Ihnen gerade eingefallen ist, es kommen auch die verschiedenen grammatikalischen Formen vor wie zum Beispiel Genitiv, Plural usw. Darüber hinaus gibt es das Stichwort nicht nur in der einen Sprache, sondern es muss noch – mitsamt seinen grammatikalischen Formen – in anderen Sprachen abgefragt werden (sofern Sie auch fremdsprachige Bücher oder Texte hinzuziehen wollen).

Im Gegensatz dazu sind *Schlagwörter* das Ergebnis einer inhaltlichen Erfassung des Dokuments. Sie bündeln Dokumente gleichen Inhalts, egal, ob der gesuchte Aspekt im Titel auftaucht oder nicht, egal, in welcher Sprache das Buch oder der Text verfasst wurde. Der Gebrauchswert von Schlagwörtern ist also wesentlich höher als jener von Stichwörtern, weil hier bereits intellektuelle Arbeit für Sie geleistet wurde. Sie müssen sich nun freilich die Mühe machen, zu ergründen, in welcher Form die Schlagwörter angesetzt sind, um diesen Vorteil auszunutzen. Schlagwörter werden von den Bibliothekaren oft in systematischen Listen von Ober- und Unterbegriffen angeordnet. Sie sollten sich deshalb die Struktur der Schlagwortlisten mit den Hilfetexten aneignen, die von Bibliotheken angeboten werden, und für sich selbst eine zusammenfassende Liste erstellen.

Schlagwörter können als Suchbegriffe in verschiedenen Bibliotheksystemen verwendet werden. Synonyme erhöhen die Chancen, vollständige Suchergebnisse zu erhalten.

> **Hinweis**
> Wie viel Literatur suchen und verwenden? »Weniger ist mehr«, das gilt oft auch bei der wissenschaftlichen Literaturrecherche. In erster Linie geht es nicht um Quantität, sondern um Qualität. Die Qualität der Literaturbasis und damit der Literaturrecherche zeichnet sich durch die *Relevanz* und *Aktualität* der Texte aus. Dazu erfahren Sie gleich mehr in diesem Kapitel.
> Allgemein gilt: Für eine wissenschaftliche Arbeit müssen Sie einerseits eine genügend breite Literaturbasis haben. Das heißt, Sie können nicht bloß drei Texte heranziehen, wenn Sie eine Seminararbeit schreiben wollen. Andererseits können Sie nicht ihre gesamte Zeit an der Universität mit der Literaturrecherche verbringen und müssen lernen, selektiv vorzugehen. Wo die Grenzen von »genug« oder auch »zu viel« Literatur liegen, müssen Sie von Fall zu Fall bestimmen. Fragen Sie Ihren Dozenten, der Ihnen sicher einen groben quantitativen Rahmen angeben kann. Schauen Sie sich auch bereits abgeschlossene Arbeiten von anderen Studierenden an, und orientieren Sie sich daran.

3.3 Phase 2: Welche Literaturformen und -typen suchen?

Im folgenden Abschnitt lernen Sie die wichtigsten Literaturformen und Literaturtypen kennen. Mit *Literaturformen* werden hier verschiedene Kategorien von Literatur bezeichnet, die sich vor allem in Bezug auf ihre äußerliche, formale Gestalt unterscheiden, also Bücher, Fachzeitschriften, Internet, Zahlen- und Faktensammlungen, Textarchive und audiovisuelle Medien. *Literaturtypen* unterscheiden sich dagegen auf einer inhaltlichen Ebene voneinander. Die wichtigsten Literaturtypen sind Primärliteratur (Originalarbeiten) und Sekundärliteratur, die als Zusatz- und Hilfsliteratur auf Originalarbeiten aufbaut.

Diese zwei Systematisierungen von wissenschaftlicher Literatur sind weitgehend unabhängig voneinander. Man kann also von der Literaturform (z. B. Artikel in einer Fachzeitschrift) keinen direkten Rückschluss auf den Literaturtyp (z. B. Primärliteratur) ziehen.

3.3.1 Die Literaturformen

Buchformen
Der am stärksten verbreitete Träger und Vermittler wissenschaftlicher Informationen ist nach wie vor das Buch. In Buchform erscheinen *Monografien, Sammelbände und Nachschlagewerke*. Wichtige wissenschaftliche Begriffe, theoretische Perspektiven, empirische Resultate, der aktuelle Stand der Forschung sowie Literaturhinweise sind in Fachbüchern zu finden.

> **Aktivität 3-2: Systematik und Aktualität der Buchformen**
> Beachten Sie die folgende Systematik der Buchformen: Überlegen Sie dabei, welche Art von Informationen Sie aus Büchern erhalten, indem Sie die Beispiele aus Tabelle 3-1 in Ihrer Bibliothek einmal untersuchen. Sind die Texte in den Büchern aktuell, sind sie schon älter, oder sind sie allgemein gültig, so dass ihr Alter keine Rolle spielt? Versuchen Sie, die Buchformen in der Tabelle 3-1 nach ihrer Aktualität einzuordnen! Überlegen Sie sich, wo und in welcher Literaturform Sie Ihrer Meinung nach aktuelle Beiträge zur Forschung oder zu einer interessanten Frage finden können.

Tabelle 3-1: Systematik der Buchformen

Buchform	Charakteristiken/Funktionen	Beispiel	Jahr
Monografie	Die Monografie ist eine wissenschaftliche Untersuchung über einen einzelnen Gegenstand. Es handelt sich dabei um eine selbständige, abgeschlossene Veröffentlichung, in der ein einzelnes Thema behandelt wird. Sie kann von einem Autor oder von mehreren Verfassern geschrieben sein.	BONFADELLI, Heinz: Medienwirkungsforschung 1. Grundlagen und theoretische Perspektiven. 3., überarb. Aufl. Konstanz: UVK (UTB).	2004
		MERTEN, Klaus: Einführung in die Kommunikationswissenschaft (Aktuelle Medien- und Kommunikationsforschung; Bd. 1) Münster: Lit.	1999
Sammelband	Ein Sammelband ist ein Nachschlagewerk, das mehrere selbständig und getrennt erschienene Veröffentlichungen enthält.	SARCINELLI, Ulrich (Hg.): Politikvermittlung und Demokratie in der Mediengesellschaft. Beiträge zur politischen Kommunikationskultur. Bonn: Bundeszentrale für Politische Bildung (Schriftenreihe Bundeszentrale für Politische Bildung, Bd. 352).	1998
Bibliografie	Eine Bibliografie ist ein Verzeichnis der wissenschaftlichen Literatur, die in einem bestimmten Zeitrahmen veröffentlicht wurde. Sie gibt außerdem einen Überblick über Reflexion (Theorien) und Forschung zu einem bestimmten Thema und ist strukturiert nach Forschungsbereichen.	UBBENS, Wilbert: Jahresbibliographie Massenkommunikation. Systematisches Verzeichnis innerhalb und außerhalb des Buchhandels veröffentlichten Literatur zu Presse, Hörfunk, Fernsehen, Film, Tele- und Netzkommunikation und angrenzenden Problemen. Berlin : Wissenschaftsverlag Volker Spieß	1975–2003

Phase 2: Welche Literaturformen und -typen suchen?

Fachlexikon	Das Fachlexikon ist ein Nachschlagewerk der Fachterminologie (wichtige wissenschaftliche Begriffe). Sie enthält unter anderem Hinweise auf theoretische Perspektiven, empirische Resultate und Literatur (Autoren, Standardwerke).	KÜHNER, Anja/STURM, Thilo: Das Medien-Lexikon: Fachbegriffe von A–Z aus Print, Radio, TV und Internet. Landsberg am Lech: Verlag Moderne Industrie.	2000
		BRAUNER, Detlef Jürgen et al. (Hg.): Lexikon der Presse- und Öffentlichkeitsarbeit. München: Oldenbourg.	2001
		NOELLE-NEUMANN, Elisabeth et al. (Hg.): Das Fischer Lexikon Publizistik, Massenkommunikation. Frankfurt a. Main: Fischer.	
Enzyklopädie	Eine Enzyklopädie ist ein (mehrbändiges) Nachschlagewerk, das den Gesamtbestand des Wissens einer Zeit oder die Sachkenntnisse eines Teilgebietes dokumentiert. Nachschlagewerk für allgemeines Wissen. Enzyklopädien sind nicht unbedingt eine wissenschaftliche Referenz.	Der Brockhaus in einem Band. Mannheim: Brockhaus Verlag.	2006
Handbuch	Das Handbuch gehört ebenfalls zu den Nachschlagewerken. Es stellt den Stoff eines bestimmten Gegenstandsbereichs systematisch und zusammenhängend in Artikeln dar und gewährleistet eine umfassende Orientierung.	MARTINI, Bernd-Jürgen (Hrsg.): Handbuch PR: Öffentlichkeitsarbeit & Kommunikations-Management in Wirtschaft, Verbänden, Behörden: Grundlagen und Adressen. Neuwied: Luchterhand.	1994–2001
		JARREN, Otfried/SARCINELLI, Ulrich/SAXER, Ulrich (Hrsg.): Politische Kommunikation in der demokratischen Gesellschaft. Ein Handbuch mit Lexikonteil. Opladen: Westdeutscher Verlag.	1998
		KLÖTI, Ulrich et al. (Hrsg.): Handbuch der Schweizer Politik. Zürich: Verlag Neue Zürcher Zeitung.	1999

Fachzeitschriften
Eine der wichtigsten Quellen für sehr *aktuelle* Literatur sind die *Fachzeitschriften*. Für praktischen jeden Fachbereich gibt es zahlreiche spezifische Zeitschriften, die periodisch (regelmäßig und in bestimmten Abständen) erscheinen, weshalb man davon ausgehen kann, dass die Artikel in den neuesten Heften dem aktuellsten Forschungsstand entsprechen. Viele Fachzeitschriften sind zudem international und geben Auskunft über das Geschehen außerhalb der deutschsprachigen Forschung.

Phase 2: Welche Literaturformen und -typen suchen?

Schweizer Fachzeitschriften

Medienwissenschaft Schweiz wird von der Schweizerischen Gesellschaft für Kommunikations- und Medienwissenschaften (SGKM) herausgegeben und hieß früher Bulletin für Kommunikationswissenschaft. Die Zeitschrift will unter anderem den jüngeren Fachleuten aus dem Feld der Kommunikations- und Medienwissenschaften eine Plattform für Publikationen bieten. In der Zeitschrift finden sich neben Aufsätzen auch Tagungsbeiträge. Die Publikation erscheint in unregelmäßigen Abständen mindestens einmal jährlich. Auf der Homepage der SGKM ist eine *Themenübersicht* jeder einzelnen Ausgabe seit 1992 erhältlich.

Studies in Communication Sciences (Scoms) ist eine junge Zeitschrift – sie erscheint erst seit 2001 – und wird von der Fakultät für Kommunikationswissenschaften der Universität Lugano herausgegeben. Es handelt sich dabei um eine international orientierte Zeitschrift, welche sich allen Bereichen der Kommunikation zuwendet: Linguistik, Semiotik, Rhetorik, Medien, Massenkommunikation, Firmenkommunikation, institutionelle Kommunikation, Kommunikationsmanagement, Informations- und Kommunikationstechnologien, Kommunikation und Erziehung, interkulturelle Kommunikation sowie Kommunikations-Soziologie und -Psychologie. Als generelles Forum für Kommunikationswissenschaften ist die Zeitschrift besonders auf interdisziplinäre Forschung und auf deren Teilbereiche ausgerichtet. Die Texte sind hauptsächlich auf Englisch, vereinzelt erscheinen Artikel in italienischer Sprache. *Scoms* erscheint zweimal jährlich. Auf der Homepage sind *alle Artikel im Volltext mit Abstracts* und *Schlagwörtern* erhältlich.

Deutschsprachige Fachzeitschriften
Zusammengestellt von Patrick Donges und Sabina Sturzenegger

Publizistik – Vierteljahreshefte für Kommunikationsforschung unterrichtet als Fachorgan für die Wissenschaft von Presse, Rundfunk, Film, Rhetorik, Öffentlichkeitsarbeit, Werbung, Meinungsbildung umfassend über wichtige Forschungsergebnisse und aktuelle Entwicklungen auf diesen Gebieten. Im **ausführlichen Rezensionsteil** wird die relevante Fachliteratur besprochen. Die Zeitschrift erscheint in Verbindung mit der Deutschen Gesellschaft für Publizistik- und Kommunikationswissenschaft, den entsprechenden wissenschaftlichen Gesellschaften der Schweiz und Österreichs sowie zahlreichen Forschungs- und Medieninstituten. Sie erscheint vierteljährlich.

Die Zeitschrift *Medien- und Kommunikationswissenschaft*, kurz *M&K* genannt, wird seit 1953 vom Hans-Bredow-Institut in Hamburg herausgegeben und redaktionell betreut. Bis 1999 hieß die Zeitschrift *Rundfunk und Fernsehen (RuF)*. Sie ist interdisziplinär und enthält empirische und theoretische Beiträge aus der gesamten Medien- und Kommunikationswissenschaft. Neben Aufsätzen, Berichten und Diskussionen sind die **Literaturberichte** und **-aufsätze** ein wichtiges Element in dieser Zeitschrift: Hier wird ausgewählte Literatur systematisch und vergleichend zusammengefasst und eine Übersicht über den Stand der Theorie und/oder der Empirie gegeben. *M&K* erscheint vierteljährlich. Auf der Homepage sind **Abstracts** zu den Aufsätzen und die entsprechenden Keywords erhältlich.

Media Perspektiven wird monatlich von der ARD herausgegeben. *Media Perspektiven* analysiert und dokumentiert die Lage und die Entwicklung der Massenmedien in Deutschland wie in anderen Ländern und lässt dabei auch die Medien in ihrer Rolle als Werbeträger nicht außer Acht. Sämtliche Texte sind auf der Homepage sowohl als **Kurztexte** als auch im **Volltext** als pdf-File erhältlich.

Phase 2: Welche Literaturformen und -typen suchen?

Das *Medien Journal – die Zeitschrift für Kommunikationskultur –* erscheint vierteljährlich und wird seit 1977 von der Österreichischen Gesellschaft für Kommunikationswissenschaft ÖGK herausgegeben. Die Zeitschrift wird auf der Basis internationaler und interdisziplinärer Zusammenarbeit mit Wissenschaftlern und Wissenschaftlerinnen in den USA, Kanada, Skandinavien, Schweiz und Deutschland herausgegeben. Jedes Heft befasst sich mit einem spezifischen Schwerpunktthema der Publizistik- und Kommunikationswissenschaft. Im Internet ist die **Themenübersicht** der lieferbaren Hefte sowie der Spezialhefte aufgeführt.

Internationale Fachzeitschriften
Zusammengestellt von Patrick Donges und Sabina Sturzenegger

Communication Research ist eine englischsprachige Fachzeitschrift aus den USA. Sie bietet ein interdisziplinäres Forum für die Kommunikationsforschung, sowohl für Wissenschaftler als auch für Praktiker. Die Zeitschrift publiziert hauptsächlich Studien im Bereich der Massenkommunikation. *Communication Research* publiziert Artikel, welche die Prozesse, Bezüge und Konsequenzen der Kommunikation erforschen. Schlagwörter sind: Massenmedien, interpersonelle Kommunikation, Gesundheit, Politik, Neue Technologien, Organisationen, interkulturelle Kommunikation, Familie. *Communication Research* erscheint alle zwei Monate und ist im **Volltext** auf dem Internet erhältlich.

The European Journal of Communication Research, kurz *Communications,* wird seit 1975 herausgegeben von der German Association of Communication Research und hieß früher *Internationale Zeitschrift für Kommunikation.* Seit 1996 erscheint *Communications* auf Englisch viermal jährlich (März, Juni, September, Dezember). Communications publiziert europäische Forschung im Bereich der (Massen-)Kommunikation, aber auch der Medien generell. Einen Schwerpunkt legt *Communications* laut eigenen Angaben auf die sozialen und soziologischen Grundlagen, wie Menschen kommunizieren und wie Kommunikationstechniken genutzt werden. *Communications* publiziert theoretische Aufsätze sowie Berichte über Methoden und Probleme der Nutzerforschung (Mikroebene). Die Homepage bietet eine **Themenübersicht** sowie **Abstracts** zu allen Aufsätzen seit 1996.

Das *European Journal of Communication* ist auf den internationalen und insbesondere auf den europäischen Charakter der Kommunikationswissenschaft spezialisiert und fördert die vergleichende Forschung in Europa und weltweit. Die Zeitschrift enthält theoretische wie empirische Arbeiten, welche die sozialen, politischen und ökonomischen Auswirkungen der neuen Kommunikationstechnologien beschreiben. Das *European Journal of Communication* publiziert auch Spezialausgaben, zum Beispiel zu folgenden Themen: Jugendliche und die veränderte Medienlandschaft in Europa, Medien und Recht in Westeuropa, Nachrichtenverbreitung, Medienethik, Medien und der Kosovo-Konflikt, Lifestyle und Medien. Die Zeitschrift erscheint viermal jährlich und ist im Internet als **Volltext** erhältlich.

Gazette erscheint seit 1955 und behandelt Fragen zu den verschiedenen Arten von Kommunikation (Moderne Massenmedien, herkömmlichen Medien, kommunitäre und alternative Medien, Telekommunikation und Informationstechnologie). Der Fokus von *Gazette* liegt auf globalen Themen der Kommunikationsforschung: Die Rolle der Kommunikation in der Weltpolitik und im Welthandel, und deren Beitrag zum internationalen Verständnis unter dem Aspekt von Frieden und Sicherheit, die Beziehung zwischen Kommunikation und Entwicklungsprozessen, die rechtlichen, sozialen und ethischen Auswirkungen der neuen Informations- und Kommunikationstechnologien, die Theorien und Techniken der Kommunikationspolitik, die Entwicklung von normativen Theorien im Kommunikationsbereich, die Wechselwirkungen von Standards wie den Menschenrechten auf das Feld der Kommunikation. Die *Gazette* erscheint sechsmal jährlich und ist im **Volltext** auf der Homepage erhältlich.

Das *Journal of Communication* ist eine offizielle Fachzeitschrift der International Communication Association und publiziert Artikel und Buchrezensionen aus einem breiten Feld der Kommunikationstheorie und -forschung. Das *JOC* ist interdisziplinär ausgerichtet und berücksichtigt die Praxis, die Methoden und die Theorie. Das *JOC* verfügt über einen sehr ausführlichen **Buchrezensionsteil** und zeigt ausgewählte Studien über aktuelle Themen auf. *JOC* erscheint viermal jährlich. Alle Artikel sind auf der Homepage als pdf-Files im **Volltext** erhältlich.

Phase 2: Welche Literaturformen und -typen suchen?

Media, Culture & Society ist eine internationale Zeitschrift mit dem Fokus auf den neueren Informations- und Kommunikationstechnologien in einem politischen, wirtschaftlichen, kulturellen und historischen Kontext. Die Zeitschrift ist interdisziplinär und befasst sich hauptsächlich mit sozialen und kulturellen Analysen. Wichtige Bereiche der Zeitschrift sind kritische und innovative Theorien und Methoden. Darunter fallen Themen wie: Transformationen in Ländern wie China; Medien und Märkte; Medien, Nationen und politische Kultur; Telekommunikation. *Media, Culture & Society* enthält **kürzere Aufsätze** und Überlegungen, Kommentare und **Repliken** auf bereits publizierte Artikel, Besprechungen und **Zusammenfassungen** der wichtigsten aktuellen Literatur und **Konferenzberichte**. Sie erscheint sechsmal im Jahr und ist im **Volltext** auf dem Internet abrufbar.

Public Opinion Quarterly wird seit 1937 von der American Association For Public Opinion Research herausgegeben und beleuchtet Probleme zu den Themen Öffentliche Meinung und Kommunikation. *POQ* ist eine führende interdisziplinäre Fachzeitschrift, die den Fokus auf die Entwicklung und die Rolle der Kommunikationsforschung, die aktuelle Öffentliche Meinung sowie die Theorien und Methoden der Meinungsforschung legt. Methoden wie Validitätsmessung, Fragebogen, Interviews und Befragungen mit Samples, Auswertung und Administration von Umfragen und analytische Herangehensweisen werden thematisiert. *POQ* publiziert Untersuchungen, die sich mit Themen wie der politischen Toleranz, dem Holocaust, Öffentlicher Politik, Rassenfragen, Polizei oder politischer Rhetorik beschäftigen. Die Zeitschrift erscheint vierteljährlich. Die Artikel sind im **Volltext** auf der Homepage erhältlich.

Public Relations Review ist spezialisiert auf Publikationen der **PR-Forschung** und insbesondere auf die empirische Forschung. Außerdem publiziert die *Review* **Buchrezensionen**, Kritiken zu neu erschienenen Büchern im PR-Bereich, im Bereich der Massenkommunikation, der Organisationskommunikation, der Öffentlichen Meinungsbildung, der sozialwissenschaftlicher Forschung und Evaluation allgemein, von Marketing und Management.

Communication Theory ist eine internationale englischsprachige Fachzeitschrift und ist speziell auf die theoretischen Entwicklungen in der Kommunikationswissenschaft ausgerichtet. Sie ist interdisziplinär ausgelegt und befasst sich mit den Bereichen Kommunikation, Soziologie, Psychologie, Politikwissenschaft, Cultural Studies, Gender Studies, Philosophie, Linguistik und Literaturwissenschaft. Sie erscheint in vier Ausgaben jährlich und wird von der International Communication Association ICA herausgegeben. Im Internet ist *Communication Theory* im **Volltext** erhältlich.

Public Relations Forum ist die auflagenstärkste deutsche PR-Fachzeitschrift. Sie erscheint seit Herbst 1995 viermal jährlich. *Public Relations Forum* fördert den Dialog zwischen Forschung und Anwendung. Fundiert und kompetent diskutieren Wissenschaftler und Praktiker wichtige Ereignisse, Forschungsergebnisse, Entwicklungen und Trends der PR. *Public Relations Forum* wird von erfahrenen PR-Praktikern herausgegeben. Im Editionsbeirat sind führende Wissenschaftler und Praktiker aus Unternehmen, Agenturen sowie den deutschen PR-Spitzenverbänden vertreten. Die **Themenübersicht** der aktuellen Ausgabe sowie **einzelne Texte** sind auf der Homepage von PR-Forum abrufbar.

Internet

Im Internet finden Sie ebenfalls Texte und Dokumente, die Sie für Ihr Studium benutzen können. Das Internet eignet sich vor allem für die Recherche von Texten, die in gedruckter Form, zum Beispiel in Bibliotheken, schwer oder gar nicht aufzufinden sind. Auch Aufsätze aus Fachzeitschriften oder Artikel aus Tageszeitungen und Publikumszeitschriften sind über das Internet mit Hilfe von Suchmaschinen teilweise gut zugänglich.

> **Hinweis**
> Da die Veröffentlichungsschwelle im Internet weitaus geringer ist als etwa im Buchwesen – fast jeder kann inzwischen *online* publizieren –, ist die Qualität des veröffentlichen Materials auch sehr heterogen. Trotz der leichten Zugänglichkeit sind Zahlen und Dokumente aus dem WWW nicht immer wissenschaftlich, relevant und aktuell. Umgekehrt können beispielsweise viele Fachzeitschriften noch nicht online abgefragt werden und erscheinen in keiner Ergebnisliste. Aus all diesen Gründen ist bei der Qualitätsprüfung von Internetquellen besondere Sorgfalt geboten.
>
> **Hinweis**
> In DIGIREP finden Sie zwei Linksammlungen für die Publizistik- und Kommunikationswissenschaft:
> - Online-Portale für Publizistik- und Kommunikationswissenschaft
> - Online-Publikationen

Zahlen- und Faktensammlungen

Zahlen- und Faktensammlungen enthalten wichtiges Zahlenmaterial und statistische Angaben. Jahrbücher und Statistiken liefern zentrale Informationen zu bestimmten Gegenständen und können gewisse Prozesse unter Umständen besser schildern als ausformulierte Texte.

In Tabelle 3-2 sind Beispiele für Zahlen- und Faktensammlungen aufgeführt, die in der Publizistik- und Kommunikationswissenschaft oft benutzt werden.

Tabelle 3-2
Zahlen- und Faktensammlungen für Deutschland, Österreich und die Schweiz

Art der Information	Statistische Informationen, Indikatoren zur Informationsgesellschaft	Media-Daten
Erläuterung	Allgemeine Angaben zur Verbreitung unterschiedlicher Mediengattungen (Zeitungen, Zeitschriften, Radio, Fernsehen usw.), Indikatoren zur Infrastruktur, zu Nutzung und Produktion der Informations- und Kommunikationstechnologien (IKT)	Angaben über Verbreitung und Werbepreise bestimmter Medien
Beispiele	Ausstattung von Privathaushalten mit Fernsehgeräten, Computern, Internetanschlüssen usw.	Leserzahlen von bestimmten Zeitungen, Nutzungszahlen von bestimmten Sendern
Quellen in Deutschland	Statistisches Bundesamt, Deutschland	Arbeitsgemeinschaft Media-Analyse
Quellen in der Schweiz	Bundesamt für Statistik, Schweiz	Print, Internet: WEMF Fernsehen, Radio, Internet: Publica Data
Quellen in Österreich	Statistik Austria	Print: Österreichische Auflagenkontrolle Fernsehen, Radio, Internet: ORF-Medienforschung

(Die Links zu diesen Organisationen sind in DIGIREP zu finden)

Andere Textmedien
Wichtige Informationsplattformen für publizistik- und kommunikationswissenschaftliche Fachliteratur sind auch Textsammlungen aus *Archiven* und auf *CD-ROM:* In *Pressearchiven* finden Sie Artikel aus Tageszeitungen und Publikumszeitschriften, die allerdings meist kostenpflichtig sind.

Audiovisuelle Medien
Wissenschaftlich relevante Information liegt nicht nur als »Literatur«, sondern auch in anderen Formen vor: Filme, Dias sowie Ton- und Videokassetten dienen oft als Untersuchungsgegenstand und sind deshalb wichtige Informationsquellen. Darüber hinaus spielen Datenträger wie Ton- und Videokassetten für Forschungszwecke eine bedeutende Rolle.

Phase 2: Welche Literaturformen und -typen suchen?

In Tabelle 3-3 sind alle wissenschaftlichen Textformen und Quellenträger zusammenfassend aufgeführt.

Tabelle 3-3
Wissenschaftliche Textformen und deren Charakteristika (ohne wissenschaftliche Buchformen, siehe dazu Tabelle 3-1).

Quelle	Charakteristika/Funktionen	Beispiele
Fachzeitschriften	• spezifischer Kommunikationskanal eines Wissenschaftsbereiches • berichtet über wissenschaftliche Forschung in Fachgebieten oder bestimmten Einzeldisziplinen in Theorie und Praxis	• Medien & Kommunikationswissenschaft • Journal of Communication
Internet-Quellen	• unterschiedliche Formen von wissenschaftlichen Beiträgen (von der Monografie über die Fachzeitschrift bis zur Faktensammlung und zu Filmen). • Wissenschaftlichkeit nicht immer gewährleistet, deshalb kritischer Umgang sowie Qualitäts- und Relevanzprüfung sehr wichtig	• Private Homepage eines wissenschaftlichen Mitarbeiters an einem Institut • Papers oder Powerpoint-Präsentationen zu bestimmten Tagungen • Unveröffentlichte Zwischenresultate von Forschungsprojekten
Zahlen- und Faktensammlungen	• Nachschlagwerke • enthält nur Zahlen und/oder Fakten	• Statistische Jahrbücher
Filme, Dias, Ton- und Videokassetten und CD-ROMs	• Fachlexika und Bibliografien auf CD-ROM • Filme, Dias und Ton- und Videokassetten als Untersuchungsgegenstand • Ton- und Videokassetten auch als Instrument für die Methodologie (z. B. Befragungen/Interviews)	• Publizistik und Massenkommunikation [Elektronische Daten auf CD] (Freie Universität Berlin, Fachinformationsstelle Publizistik)

> **Aktivität 3-3: Literaturformen**
> Lösen Sie die folgende Übung in DIGIREP, indem Sie die angegebenen Quellen nach Fachlexika, Bibliografien und Fachzeitschriften richtig einordnen!

3.3.2 Die Literaturtypen

Wie bereits angesprochen, lässt sich Fachliteratur in zwei unterschiedliche Typen einteilen, nämlich in *Primärliteratur* und *Sekundärliteratur*. Der Unterschiede sind in Tabelle 3-4 festgehalten:

Tabelle 3-4
Primär- und Sekundärliteratur

	Primärliteratur	Originalarbeit, auf der eine weitere Forschungsarbeit aufgebaut wird. Alle Originaltexte gehören zur Primärliteratur. In der Publizistik- und Kommunikationswissenschaft sind es meist die so genannten »Klassiker«, die dazu gezählt werden. In den Sozialwissenschaften handelt es sich dabei im Allgemeinen um **grundlegende Theorien**. Die Urheber (siehe Beispiele unten) formulieren ausschließlich »ihre« Theorien, begründen sie und beweisen deren Gültigkeit. Es handelt sich dabei um so genannte **Originalarbeiten** oder **Originalschriften**.
	Sekundärliteratur	Literaturtypen, welche die Originalarbeiten erschließen, erklären und interpretieren. Sekundärliteratur ist die (kritische) wissenschaftliche Literatur zu und über Originalschriften. Sie ist **Zusatz- und Hilfsliteratur** und kann mit dem Begriff »Fachschrifttum« gleichgesetzt werden. In den Bereich der Sekundärliteratur gehören die meisten **Sachbücher, Fachbücher, Lehrbücher, Kommentare, Sammelwerke, Schriftenreihen, Nachschlagwerke**, usw.

Sie haben es vielleicht schon vermutet: In gewissen Fachbereichen der Wissenschaft – wie in den Sozialwissenschaften, zu denen die Publizistik- und Kommunikationswissenschaft zählt – ist eine klare Unterscheidung in Primär- und Sekundärliteratur nicht immer möglich.

Aktivität 3-4: Literaturtypen (Primär- und Sekundärliteratur)
Versuchen Sie, in der Multiple-Choice-Übung in DIGIREP die genannte Literatur nach Typ einzuordnen.

3.4 Phase 3: Wie suchen? Strategien und Suchinstrumente

3.4.1 Suchstrategien

Im folgenden Lernschritt werden Sie mit zwei zentralen Vorgehensweisen der Literaturrecherche vertraut gemacht: mit der systematischen Suche und dem Schneeballsystem. Beides sind Suchtaktiken, die Sie unabhängig vom Suchinstrument verwenden können und bei denen Sie die vorher beschriebenen Instrumente der Literaturrecherche gezielt einsetzen können.

Die systematische Suche
Ein zeitintensives Verfahren für eine Literaturrecherche ist die so genannte systematische Suche: Informationen und Literaturlisten zu einem bestimmten Thema müssen dazu systematisch ausgewertet werden. Das heißt, dass beispielsweise eine Literaturliste aus einer Vorlesung, aber auch die Schlagwortliste eines Sammelbandes oder das Literaturverzeichnis einer Monografie auf ein bestimmtes Thema durchgesehen und geprüft wird. Systematisch ist der Vorgang deshalb, weil Sie alle Angaben in der Liste auf ihre Brauchbarkeit für Ihr Thema untersuchen.

Das Schneeballsystem
Mit dem Schneeballsystem können Sie gezielt Literatur recherchieren, indem sie die Vorarbeit anderer bei ihrer wissenschaftlichen Arbeit nutzen: Beim Lesen oder Bearbeiten eines Textes können Sie über *Fußnoten*, *Literaturverzeichnisse* oder *Register* auf neue Literaturhinweise stoßen.

Sie lesen beispielsweise einen Aufsatz über A von Herrn X Y. Ein Zitat in diesem Aufsatz verweist auf das Buch B von Frau Z. A. Nun schauen Sie sich auch diese Quelle an und arbeiten mit ihr weiter. So erschließt sich Ihnen der Zugang zu weiteren Publikationen, in denen Sie wiederum Hinweise auf andere Materialien finden.

Das Schneeballsystem ist eine oft angewandte Suchtaktik. Sie eignet sich vor allem in Kombination mit der Recherche über Suchinstrumente wie Kataloge und Bibliografien. Natürlich hat auch das Schneeballsystem Vor- und Nachteile: Es ermöglicht Ihnen einerseits, sehr schnell zur wichtigen Literatur und zu den »Klassikern« vorzustoßen. Sie finden auf diesem Weg Literatur, die Sie vielleicht weder über die Katalog- noch über die Bibliografiesuche gefunden hätten. Und Sie entdecken im Prozess des Lesens laufend mehr Literatur.

Der Nachteil des Schneeballsystems liegt in der Gefahr, dass Sie – bildlich gesprochen – in eine Sackgasse geraten: Sie finden auf diesem Weg unter Umständen Literaturangaben, die Sie nicht weiterbringen, schlicht deshalb, weil sie veraltet sind oder weil sie Ihr Thema nur sehr marginal betreffen. Deshalb ist es wichtig, immer mit der aktuellsten, neuesten Literatur zu beginnen. Wenn Sie sich entscheiden, mit dem Schneeballsystem Literatur zu suchen, sollten Sie also in der ersten Phase aktuelle Bibliografien und Beiträge aus Fachzeitschriften heranziehen, um sicher zu sein, dass Sie die neuesten Publikationen zur Hand haben. Ein Klassiker, der bereits zwanzig Jahre alt ist, eignet sich nicht als Ausgangspunkt einer Recherche mit dem Schneeballsystem.

Sackgasse unter Umständen aber auch bezogen auf die Inhalte: In der wissenschaftlichen Entwicklung ist immer wieder das Entstehen von so genannten Schulen zu beobachten. Darunter versteht man Autoren mit ähnlichen Perspektiven (Theorien und Methoden), die sich gegenseitig zitieren und gleichzeitig kaum die wissenschaftliche Umwelt außerhalb des eigenen Umkreises wahrnehmen. Wenn Sie nach dem Schneeballsystem suchen, so ist die Gefahr groß, dass Sie sich nur innerhalb einer bestimmten »Schule« bewegen, ohne andere und entgegengesetzte Standpunkte kennen zu lernen. Diese Gefahr ist besonders akut, wenn Sie neu im Studium sind und die bekannten Schulen noch gar nicht kennen.

3.4.2 Suchinstrumente

In den folgenden beiden Abschnitten lernen Sie die wichtigsten Hilfsmittel bei der Literatursuche kennen: einerseits die klassischen Suchinstrumente, die von den Bibliotheken angeboten werden, andererseits die Möglichkeiten der Online-Recherche.

Die Suchinstrumente der Bibliothek
Sie wissen jetzt, welche Formen und Typen von Literatur unterschieden werden. Hier erfahren Sie, wie und mit welchen Hilfsmitteln Sie diese Literatur finden können. Zuerst lernen Sie den Umgang mit den klassischen Suchinstrumenten inner- und außerhalb der Bibliothek.

Für eine wissenschaftliche Literaturrecherche stehen Ihnen unterschiedliche Instrumente zur Verfügung: Einerseits handelt es sich dabei um *Bibliothekskataloge*, andererseits um *Bibliografien*. Kataloge haben die Eigenschaft, dass sie die Literatur erfassen, die in einer bestimmten Bibliothek zu finden ist. Viele Online-Kataloge erfassen bereits die Bestände von mehreren Bibliotheken – sie heißen dann *Verbundkataloge*. Anders ist es bei den Bibliografien oder Bücherverzeichnissen: Sie listen, unabhängig vom Bestand einer Bibliothek, die Literatur zu einem bestimmten Thema auf und dienen dazu, herauszufinden, welche Literatur zu diesem Thema überhaupt vorhanden ist.

Meist erfolgt eine Bibliotheksrecherche aber über einen *Katalog*, nur über solche Kataloge lassen sich die Bibliotheksbestände erschließen. Es lassen sich dabei drei Kategorien unterscheiden: 1) Autor- und Schlagwortkataloge, 2) Bibliotheks- und Verbundkataloge und 3) Zettel-, Mikrofiche- bzw. elektronische Kataloge. Ihre Literaturrecherche wird wesentlich geprägt durch die Handhabung dieser unterschiedlichen Kataloge.

Zettel- oder Karteikartenkataloge
Der Zettel- oder Karteikartenkatalog ist die herkömmliche Form der Literaturerfassung. Auch wenn Sie hauptsächlich über den Computer im elektronischen Katalog suchen werden, sollten Sie die Recherche in einem Zettelkatalog beherrschen. Meist sind die Karteikarten alphabetisch eingeordnet. Jede Karte enthält die bibliografischen Angaben zum Buch sowie die Signatur (etwa: Buchnummer), unter der ein Buch in der Bibliothek eingeordnet ist.

Bei einem Autor-/Titel-Katalog gibt es für jedes Buch zwei Karteikarten: eine für den Autorennamen und eine für den Titel. Sie haben so die Möglichkeit, nach Autorennamen oder nach Buchtitel zu suchen.

Wenn Sie in einem Schlagwortkatalog suchen, müssen Sie bereits Vorarbeit geleistet haben, denn Sie müssen die Schlagwörter kennen, die zu Ihrem Thema gehören.

Elektronische Kataloge
In fast allen Bibliotheken werden Sie inzwischen einen elektronischen Katalog finden: Eine zentrale Datenbank erfasst sämtliche Titel. Die elektronischen Kataloge sind sozusagen die »virtuelle Version« des Zettelkataloges. Anders als Letztere werden die elektronischen Kataloge jedoch online aktualisiert, so dass sie immer auf dem neuesten Stand sind. Im elektronischen Katalog bestehen neben der Autoren-, Titel- und Schlagwortsuche noch weitere Suchmöglichkeiten wie die Suche über Signaturen oder über die ISBN *(International Standard Book Number)* bzw. ISSN *(International Standard Serial Number)*. Elektronische Kataloge werden über Computernetzwerke abgefragt. Der Nachteil der elektronischen Recherche ist, dass viele alte Bestände (noch)

nicht online abfragbar sind, weil sie ausschließlich in einem Zettelkatalog erfasst sind.

Überblick über die Katalogtypen

Autor-/Titel-, Schlagwortkataloge	Erfassen die Inhalte: Bücher können über Autorennamen und Titelanfänge bzw. über Schlagwörter abgefragt werden.
Bibliotheks- und Verbundkataloge	Bibliothekskataloge: Bücher stammen aus einer bestimmten Bibliothek Verbundkataloge: erfasst die Bestände mehrerer Bibliotheken gleichzeitig
Zettel- (Karteikarten-), Mikrofiche- und elektronische Kataloge	Diese Kataloge beziehen sich auf die unterschiedlichen Medien, aus denen sie bestehen: Karteikarten oder Zettelkästen sind die »ursprüngliche« Art von Katalogen. Die Karten werden in Registern gesammelt und können beliebig ergänzt werden. Mikrofichen (Mikrofilme) eignen sich für Bibliothekskataloge, weil sie platzsparend sind. Elektronische Kataloge sind zentrale Datenbanken, in denen sämtliche Titel erfasst werden. Heute sind die meisten Bibliotheken mit elektronischen Katalogen ausgestattet.

Hinweis
Viele öffentliche Bibliotheken und Institutsbibliotheken bieten kostenlose Einführungskurse für die Benutzung ihres elektronischen Recherchesystems an. Falls eine solche Bibliothekseinführung nicht zum Pflichtprogramm Ihres Studiums gehört, sollten Sie einen solchen Kurs freiwillig besuchen, es lohnt sich auf jeden Fall.

Die Suche in Bücherverzeichnissen
Die Recherche über elektronische Kataloge oder über Karteikarten ist eine geeignete Methode für die Suche von Literatur an Ihrer Universität und in Ihrer näheren räumlichen Umgebung. Sie können sich damit einen guten Überblick über die vorhandene Literatur in einer bestimmten Bibliothek verschaffen.

Es kann jedoch sein, dass Sie mit der Katalogrecherche an Grenzen stoßen: Es gibt immer Bücher, die Sie für Ihr Thema zwar kennen sollten, die Sie aber nicht über die Katalogrecherche finden, weil sie nicht

Phase 3: Wie suchen? Strategien und Suchinstrumente

zum Bestand Ihrer Bibliothek gehören. Dann müssen Sie zu Bücherverzeichnissen greifen.

Bibliografien sind *Themenkataloge* und geben im Unterschied zu den erwähnten Zettel- oder elektronischen Katalogen nicht Auskunft über die in einer Bibliothek vorhandene Literatur, sondern darüber, welche Literatur zu einzelnen Themenbereichen überhaupt erschienen ist.

Bibliografien gibt es heute nicht mehr nur in Buchform; viele sind inzwischen auf CD-ROM greifbar, teils gar im Internet einzusehen.

> **Hinweis**
> Für das Studium der Publizistik- und Kommunikationswissenschaft ist die *Datenbank Publizistik und Massenkommunikation* der Freien Universität Berlin eine wichtige Quelle: Sie ist auf CD-ROM greifbar (quartalsweises Update) und enthält Hinweise auf Artikel aus Fachzeitschriften, Monografien, Sammelwerken, Konferenzberichte, Dissertationen, Forschungsberichte, Tageszeitungen, Bibliografien, Verbandszeitschriften, Wochenzeitungen, Nachrichtenmagazine, Graue Literatur.
>
> **Sachgebiete:** Publizistik, Kommunikationswissenschaft, Massenkommunikationsforschung, Massenmedien, Rundfunk, Fernsehen, Presse, Film, Nachrichtenwesen, Neue Medien, Kommunikationstechnologie, Telekommunikation, Medienpädagogik, Öffentliche Meinung, Öffentlichkeitsarbeit, Werbung, Multimedia.

Surfen und Finden im Internet: Online-Recherche
Die elektronischen Fachzeitschriften
Mit dem Internet haben sich die Möglichkeiten für die Literaturrecherche erheblich erweitert. Die Chance, dass Sie Ihre Literatur im Internet finden, ist sehr groß. Wie wir allerdings bereits gesehen haben, fördert eine Suche im Internet oft viel unbrauchbaren Ballast. Andererseits gibt es Bereiche der wissenschaftlichen Literatur, die durch das Internet eine bessere Nutzung erfahren haben. Aktuelle Quellen wie Fachzeitschriften, Pressearchive oder Zahlen- und Faktensammlungen (Statistiken) haben durch den schnellen Zugriff übers Netz an Qualität gewonnen.

Viele Neuentwicklungen werden nicht in Büchern (Monografien), sondern in Fachzeitschriften veröffentlicht. Es ist aus diesem Grund unumgänglich, dass Sie sich damit auseinander setzen und auch Aufsätze aus Fachzeitschriften in Ihrer Literaturrecherche berücksichtigen.

Viele Fachzeitschriften sind in elektronischer Form verfügbar (elektronische Fachzeitschriften). Die Recherche wird vereinfacht und ist weniger zeitintensiv. Heute muss man also nicht mehr ganze Jahrgänge von Zeitschriften durchblättern und sich dabei in einen verstaubten Keller begeben, um auf den benötigten Artikel zu stoßen. Stattdessen geben Sie das treffende Schlagwort in der Suchmaske ein, die Ihnen dann eine Auswahl von relevanten Quellen liefert. Die Artikel aus elektronisch erfassten Fachzeitschriften lassen sich (wenn nicht anders vermerkt) vollständig anschauen und direkt ausdrucken.

!

Hinweis
Zwar sind heute schon viele Fachzeitschriften über das Internet zugänglich. Den Zugang zu den Beiträgen erhalten Sie aber nicht direkt durch eine Internet-Suchmaschine, Sie müssen dazu die Suchfunktion auf der Website der Zeitschrift benutzen.
Außerdem: Elektronische Zeitschriften haben in aller Regel hohe Abonnements- und Benutzergebühren. Wenn Sie von Ihrem Computer zu Hause einloggen, so müssen Sie diese Gebühren selbst bezahlen. Wenn Ihre Universität oder Bibliothek die Zeitschrift abonniert hat und Sie von dort einloggen, so ist die Benutzung kostenlos.

Google bietet seit kurzem eine spezielle Suchmaschine an, mit der ausschließlich wissenschaftliche Dokumente gefunden werden sollten. Den entsprechenden Link finden Sie im DIGIREP.

Schöne Neue Welt? Online-Fachzeitschriften
Natürlich gibt es auch bei den elektronischen Fachzeitschriften einen Haken: Nicht das gesamte Publikationswesen im Bereich der Fachzeitschriften ist online! Es wird noch einige Jahre dauern, bis die Mehrheit der Fachzeitschriften ihr wissenschaftliches Angebot auf dem Netz verfügbar macht. Deshalb gilt auch hier: Für eine gründliche Recherche sind zusätzlich andere Suchsysteme (z. B. Bibliografien) herbeizuziehen.

Aktivität 3-5: Elektronische Fachzeitschriften an Ihrer Universität

Prüfen Sie an Ihrer Universität systematisch, welche Fachzeitschriften online abgerufen werden können.

Hinweis
Falls eine bestimmte Zeitschrift nicht in Ihrer Universitätsbibliothek vorhanden ist, so können Sie in den folgenden Verzeichnissen den Bestand in anderen Bibliotheken im In- und Ausland prüfen (die Links finden Sie in DIGIREP):

Zeitschriften und Bücher
Der **Karlsruher Virtuelle Katalog** (KVK) weist die Bestände von Büchern und Zeitschriften in den drei deutschsprachigen Ländern sowie weiteren Staaten aus.

Elektronische Zeitschriften:
Die **Elektronische Zeitschriftenbibliothek der Universitätsbibliothek Regensburg** weist die Bestände und Zugangsmöglichkeiten zu mehr als 25 000 elektronischen Zeitschriften (in allen Sprachen) in 344 Bibliotheken aus.

Erstellen Sie sich eine Liste, die Sie für Ihr weiteres Studium verwenden können.

Daten aus dem Internet
Das Angebot an Online-Datenbanken ist inzwischen riesig und umfasst unter anderem Bibliografien, Pressearchive sowie Zahlen- und Faktensammlungen (Statistiken). Online-Datenbanken sind dynamisch, das heißt, sie werden laufend erweitert und aktualisiert. Im Gegensatz dazu gibt es statische Datensammlungen, wie CD-ROM, die nicht erweitert und aktualisiert werden können und aus diesem Grunde schnell veralten.

Für Studierende der Publizistik- und Kommunikationswissenschaft ist der Zugriff auf Pressearchive und statistisches Datenmaterial besonders wichtig. Möchten Sie zum Beispiel den Einstieg in ein aktuelles Thema finden und die laufende Diskussion darüber mitverfolgen, hilft es oft, im Archiv einer großen Tageszeitung nach einem Schlagwort zu suchen und einige Presseartikel zu lesen.

3.5 Phase 4: Wo finden?

3.5.1 Der Fundort Bibliothek

Damit Sie das gesuchte Buch oder den gewünschten Artikel auch einmal in den Händen halten und schließlich anfangen können, damit zu arbeiten, müssen Sie sich die Information am richtigen Fundort beschaffen. Sicherlich ist die Bibliothek für die wissenschaftliche Literaturrecherche der wichtigste Fundort.

Eine Bibliothek ist einerseits eine Sammlung, andererseits ein Aufbewahrungsort von Schriften. Die Orientierung in einer noch unvertrauten Bibliothek ist oft nicht einfach. Bibliotheken sind jedoch grundsätzlich systematisch aufgebaut: Die Bücher werden nicht zufällig irgendwo ins Regal gestellt, sondern nach bestimmten Kriterien einsortiert. Die Systematik dieser Ordnungskriterien kann Ihnen auch zur groben Orientierung in den Räumen und Regalen der Bibliothek dienen. Jedes Buch ist mit einer Signatur versehen, einer Buchnummer, die sich aus Buchstaben und Ziffern zusammensetzt und die angibt, wo ein Buch in der betreffenden Bibliothek zu finden ist. Wenn Sie den Aufbau einer Bibliothek kennen, wird es Ihnen schnell gelingen, sich in ihr zurechtzufinden.

Gemäß den Aufgaben einer Bibliothek – sammeln, erschließen und benutzbar machen von Büchern und anderen Medien – gibt es drei bibliothekarische Hauptarbeitsgebiete: Erwerb (Bestandsaufbau), Katalogisierung (Bestandserschließung) und Benutzung (Bestandsvermittlung). Institute und Departemente der Universitäten und Hochschulen verfügen meistens über eine eigene Sammlung wissenschaftlichen Fachschrifttums.

Im Laufe des Studiums sollten Sie sich eine Art »Prioritätenliste« der Bibliotheken Ihrer Universität erstellen (sofern es tatsächlich verschiedene gibt). Sicherlich gehört die Bibliothek Ihres Institutes zuoberst auf die Liste. Leider müssen Sie auch damit rechnen, dass Sie in Ihrer Institutsbibliothek nicht immer alles finden, was Sie für Ihre Recherche benötigen. Berücksichtigen Sie außerdem, dass die meisten Institutsbibliotheken Präsenzbibliotheken sind, das heißt, dass Sie das Material nicht ausleihen und nach Hause nehmen dürfen.

Die folgende Aktivität soll Ihnen helfen, sich ein wenig mit »Ihrer« Institutsbibliothek vertraut zu machen.

Phase 4: Wo finden?

> **Aktivität 3-6: Vorstellen des Bibliothekssystems**
> Stellen Sie sich vor, Sie möchten Juan, einem Student aus Barcelona, das Bibliothekssystem Ihrer Universität, Ihres Instituts, erklären. Überlegen Sie, welche Bibliotheken (inklusive Institutsbibliotheken) über die Literatur verfügen, die für das publizistik- und kommunikationswissenschaftliche Studium wichtig sind.
>
> **Hinweis**
> Auch rechtliche, politische, wirtschaftliche und soziologische Fragen können im Zusammenhang stehen mit der publizistik- und kommunikationswissenschaftlichen Forschung.

3.5.2 Fundorte außerhalb der Bibliothek

Neben Bibliotheken gibt es noch weitere mögliche Fundorte für Fachliteratur, insbesondere normale und Web-Buchhandlungen, Online-Datenbanken sowie Archive und Dokumentationsstellen. Auch Gespräche mit Fachleuten können Sie zur gewünschten Information führen.

Buchhandlungen

Gut bestückte Buchhandlungen können eine Fundgrube für Ihre Literatur sein. Es ist keineswegs verlorene Zeit, wenn man in den Regalen eines Buchladens sucht und schmökert. Wichtige Literatur – bzw. Literatur zu persönlichen Arbeitsschwerpunkten – sollten Sie nach Möglichkeit erwerben und so Ihre »eigene« kleine Bibliothek zusammenstellen. Informationen über Neuerscheinungen zu diversen Themenbereichen finden Sie in Prospekten von Verlagen und Buchhandlungen.

Web-Buchhandlungen

Eine weitere Möglichkeit, zu Büchern zu kommen, sind die Web-Buchhandlungen. Sie bieten eine vielfältige Palette online an und schicken das Gewünschte nach Hause. Manchmal ist es nützlich, bei den fachspezifischen Verlagen das aktuelle Angebot anzuschauen.

Archive und Dokumentationsstellen
Besonders bei Arbeiten in Themenbereichen, zu denen wenig Sekundärliteratur existiert, wird die Suche nach Primärquellen wichtig. Ein Archiv ist eine Einrichtung, welche Schrift-, Bild- und Tongut staatlicher Stellen, anderer Institutionen oder von Einzelpersonen sammelt. Archive ordnen, speichern und erschließen Dokumente aller Art, um Archivbenutzer einen raschen und zielsicheren Zugang zu den Beständen zu ermöglichen. Archive werden zu ganz bestimmten Problembereichen aufgebaut, zum Beispiel zur Geschichte des Kinos.

Online-Datenbanken
In allen Fachbereichen wird die »Informationsflut« größer. Aus diesem Grund wird es immer schwieriger, relevante Informationen zu einem bestimmten Thema zu finden. Aus Unkenntnis werden deshalb oft Doppelentwicklungen und -forschungen durchgeführt. Eine der wichtigsten Möglichkeiten der Informationssuche sind Online-Datenbanken, damit solche Doppelungen vermieden werden können.

Expertenbefragung
In direkten Gesprächen mit Expertinnen und Experten können Sie ebenfalls wichtige wissenschaftliche Informationen erhalten. Experten sind Personen aus dem wissenschaftlichen Bereich aber auch aus der Praxis (Fachleute, Professorinnen und Professoren).

Hinweis zum Expertengespräch
Wenn Sie ein Expertengespräch führen wollen, sollten Sie sich im Voraus überlegen, was Sie genau erreichen möchten. Formulieren Sie bereits einige Thesen: Je besser Sie sich auf ein Gespräch vorbereiten, desto mehr können Sie davon profitieren.
Bedenken Sie, dass Expertinnen und Experten meist viel beschäftigte Menschen sind, die nur dann in ein Gespräch einwilligen, wenn sie auch von Ihnen in irgendeiner Form profitieren können. Überlegen Sie sich also, was Sie den Experten anzubieten haben, zum Beispiel Hinweise auf neuere Literatur zum Thema oder einen Einblick in die eigenen empirischen Forschungsergebnisse.
Benutzen Sie Expertinnen und Experten nie zur Lösung ihrer studentischen Aufgaben (zum Beispiel bei der Literaturrecher-

> che)! Solche Anfragen werden in der Regel nicht beantwortet und zerstören zudem die grundsätzlich vorhandene Kooperationsbereitschaft für spätere Nachfragen von Ihnen und von anderen.

Wenn Sie aktuelle Informationen zu Themen aus dem politischen, ökonomischen oder sozialen Umfeld benötigen, bietet es sich an, sich direkt an die betreffenden Institutionen wie Parteien, Verbände, Verwaltungen und Organisationen (Banken, Unternehmen, Nichtregierungsorganisationen) zu wenden. Versuchen Sie womöglich, eine Ansprechperson zu finden, die Ihnen Informationen vermitteln kann. Eine E-Mail an die Medienstelle mit einer präzise formulierten Frage ist häufig der beste Weg

> **Aktivität 3-7: Bibliothekserfahrung: Eine Studentin erzählt**
> Schließlich treffen Sie täglich auch viele Studentinnen und Studenten aus höheren Semestern an der Uni, die meistens erste Erfahrungen mit den unterschiedlichsten Bibliotheken gemacht haben. Im folgenden Text erzählt eine Studentin über ihre eigenen Bibliothekserfahrungen an der Universität Zürich. Sie erklärt, welche Bibliotheken sie zu welchem Zeitpunkt während ihres Studiums benutzt hat.

Literatur
KNORR, Dagmar (1998): Pfade durch den Bücherdschungel: Arbeit in der Bibliothek. In: Otto KRUSE (Hrsg.): Handbuch Studieren. Von der Einschreibung bis zum Examen. Frankfurt a. Main: Campus. S. 162–176.

3.6 Phase 5: Wie auswählen und bewerten? Qualitätskontrolle und Bewertung

3.6.1 Die Kriterien der Wissenschaftlichkeit

Im folgenden Abschnitt wird der Fokus auf die *Bewertung* der Literatur gerichtet. Das heißt, Sie sollen lernen, herauszufinden, wann und warum Literatur als »wissenschaftlich« betrachtet werden kann. Für die Literaturauswahl im Studium ist es außerdem entscheidend, ob die Informationen die nötige Relevanz (Wichtigkeit) besitzen und ob sie aktuell sind.

Insbesondere bei einer Recherche, die sich auch aufs Internet erstreckt (was heute meist der Fall ist), haben Sie keine Garantie, dass eine beliebige Information, auf die Sie stoßen, wissenschaftlichen Kriterien genügt. Um die Wissenschaftlichkeit eines Textes zu prüfen, sollten Sie die folgenden Fragen stellen (siehe Tabelle 3-5).

Tabelle 3-5
Fragen zur Wissenschaftlichkeit eines Textes

Kriterium	Fragen dazu:
Autor	• Kenne ich die Herausgeber bzw. den Autor, die Autorin? Hat der Autor eine wissenschaftliche Ausbildung, akademische Titel? • Arbeitet er an einer wissenschaftlichen Institution (Universität, Forschungseinrichtung, öffentliche Stelle)? • Haben meine Professoren und Dozenten den Autor, die Herausgeberin schon einmal erwähnt? Ist der Text ein »Klassiker«? • Wird der Name der Autorin im Zusammenhang mit meinem Thema immer wieder genannt?
Thema	• Macht der Autor deutlich, dass sein Text wissenschaftlich sein soll? • Tauchen im Titel, Untertitel oder Inhaltsverzeichnis wissenschaftliche Schlüsselbegriffe auf (z. B. Studie, Untersuchung, Theorie, Methode etc.)?
Quelle	• Ist der Text in einer Fachzeitschrift oder in einem wissenschaftlichen Buch erschienen? • Ist der Verlag, in dem der Text erschienen ist, bekannt für wissenschaftliche Publikationen? • Existiert eine Kontaktadresse?
Inhalt	• Wie sieht das Inhaltsverzeichnis aus? Ist es logisch aufgebaut? • Besteht eine konkrete Fragestellung? • Wie systematisch und umfassend ist die Bezugnahme auf die Forschung? • Wie umfangreich und aktuell ist die Literaturliste? Werden die bekannten relevanten Autoren und Werke (»Klassiker«) zum Thema genannt?
Präsentation	• Ist die Präsentation (ist u. a. das Layout) gepflegt? • Sind die Grafiken leserlich, die Bildelemente verständlich? • Werden Grafiken und Bilder nachgewiesen?

Phase 5: Wie auswählen und bewerten?

Spezial- und Grenzfälle bei der Beurteilung der Wissenschaftlichkeit einer Quelle

Natürlich ist auch unsere Kriterienliste nicht umfassend und ausreichend, um jeden Einzelfall zu beurteilen. Es gibt Fälle, bei denen Sie besonders genau hinschauen sollten, ob die Wissenschaftlichkeit eines Textes gewährleistet ist:

- Ein Wissenschafter schreibt ein polemisches Buch, das er selbst als »wissenschaftlich« deklariert, das aber detaillierten Kriterien der Wissenschaftlichkeit nicht genügt.
- Daten- und Faktensammlungen: Daten werden meist durch Ämter oder auch private Forschungseinrichtungen erhoben, aber nicht in Fachzeitschriften publiziert. Die Autoren solcher Sammlungen werden oft nicht namentlich genannt, und der wissenschaftliche Anspruch ist nur am systematischen und methodischen Vorgehen erkennbar. Dennoch dürfen diese Werke als wissenschaftlich gelten.
- Ein Wissenschaftler schreibt in einer Tageszeitung einen populärwissenschaftlichen Artikel, der auch einige Literaturhinweise enthält. Die Wissenschaftlichkeit ist nicht gewährleistet.

Aktivität 3-8: Informationen aus dem Internet – Qualität oder Schrott?
Es wurde bereits mehrmals darauf hingewiesen, dass eine kritische Qualitätsprüfung bei Online-Quellen besonders wichtig ist. In DIGIREP finden Sie einen Text über »Möglichkeiten und Grenzen der Informationssuche im Internet« von Thorsten PESKE, der die Problematik von Internet-Quellen aufzeigt. Bitte lesen Sie ihn durch.

Aktivität 3-9: Wissenschaftlichkeit einer Quelle prüfen
Versuchen Sie in der Übung in DIGIREP, die Wissenschaftlichkeit einer Quelle zu prüfen.

3.6.2 Relevanz und Aktualität einer wissenschaftlichen Quelle

Relevanz
Die Relevanz eines Textes für ein bestimmtes Thema bezieht sich auf dessen Bedeutsamkeit und Gewichtigkeit für ein bestimmtes Thema. Standardwerke und »Klassiker« haben meistens eine hohe Relevanz. In einem Seminar über Wirtschaftskommunikation gehören zum Beispiel die Texte von Jürgen Heinrich zum Standard: Heinrich hat sich seit Jahren mit der Kritik der Wirtschaftsberichterstattung auseinander gesetzt. Seine Bücher haben somit eine hohe Relevanz. Beschäftigt man sich mit Medienwirkungen, so werden die beiden Klassiker *Medienwirkungsforschung* I & II von Heinz Bonfadelli unumgänglich sein.

Sie können auch von Folgendem ausgehen: Texte, die Sie auf der Literaturliste zu einem Seminar finden, haben eine hohe Relevanz.

Aktualität
Abschnitt 3.3.1 enthielt eine Übersicht über die Systematik der Buchformen, bei dem deutlich wurde, dass nicht alle Bücher ganz aktuelle Texte enthalten. Das ist auch gar nicht möglich, da Bücher in der Regel zu einem bestimmten Zeitpunkt publiziert werden und ihr Inhalt sich auf diese Zeit bezieht.

Bei den Lexika ist dies anders, denn sie werden laufend aktualisiert und neu aufgelegt. Deshalb sollten Sie darauf achten, dass Sie immer die neuste Version eines Nachschlagewerkes konsultieren.

Neben der Relevanz spielt also auch der Faktor *Aktualität* eine wesentliche Rolle bei der Bewertung von wissenschaftlichen Quellen. Zweck einer Literaturrecherche ist es, den Wissensstand zur eigenen Fragestellung zu erfahren. Anders gesagt: Es hat keinen Sinn, mit Quellen zu arbeiten, die bereits veraltet sind. Überprüfen Sie deshalb auch, ob ein Autor, eine Autorin, auf die Sie gestoßen sind, nicht bereits neue Publikationen zum Thema veröffentlicht hat. Dazu eignen sich die Bibliothekskataloge, wo unter dem Autorennamen alle verfügbaren Quellen mit dem Veröffentlichungsjahr erscheinen. Aktuelle Bibliografien (nicht älter als drei Jahre) können ebenfalls herangezogen werden.

> **Hinweis:**
> Vergessen Sie nicht, dass der aktuellste Forschungsstand in der Publizistik- und Kommunikationswissenschaft – und in den meisten anderen wissenschaftlichen Themengebieten – nicht in Büchern, sondern in Fachzeitschriften zu finden ist!
> Die Aktualität der Quellen in Ihrem Literaturverzeichnis ist ein Indikator für die Qualität Ihrer Arbeit.

3.7 Phase 6: Wie dokumentieren? Annotierte Literaturliste und Literaturverzeichnis

Ihre Literatursuche war erfolgreich: Sie haben mehrere Texte gefunden, die Sie für die geplante Arbeit verwenden möchten. Wie können Sie diese Fundstücke dokumentieren, damit Sie die Texte erstens wieder finden und zweitens auch noch wissen, was darin stand? Dazu sollten Sie eine Dokumentation der Suchergebnisse anlegen, und zwar sowohl in Form einer annotierten Literaturliste als auch eines Literaturverzeichnisses ohne Annotationen.

3.7.1 Annotierte Literaturliste

Was versteht man überhaupt unter einer so genannten annotierten Literaturliste? Warum und wie erstellt man eine solche?

Die Besonderheit der annotierten Literaturliste sind die *Zusatzinformationen*, die Sie darin festhalten können, und die Ihnen beim weiteren Bearbeiten der Texte eine mühsame Suche ersparen werden. In der annotierten Literaturliste werden nicht nur *bibliografische Angaben* wie Autor, Titel, Erscheinungsjahr und Erscheinungsort festgehalten, sondern zusätzliche Informationen zu den Texten wie die Text- oder Literaturform, die Wissenschaftlichkeit des Inhalts und des Autors, Aktualität und Verständlichkeit des Textes, eine subjektive Bewertung der Nützlichkeit des Textes für das eigene Thema oder der genaue Fundort der Informationen. In der annotierten Literaturliste ist außerdem Platz, um sich stichwortartig eigene Notizen und Bemerkungen zu einem Text zu machen. Diese Art der Dokumentation erleichtert später die neuerliche Suche nach Informationen und erspart Ihnen viel Zeit und Ärger.

Ihre annotierte Literaturliste kann beispielsweise so aufgebaut werden:

Name, Vorname des Autors, Erscheinungsjahr, Titel des Textes, Erscheinungsort: Verlag, evtl. Seitenzahlen	WIRTH, Werner/SCHWEIGER, Wolfgang (1999): Selektion neu betrachtet: Auswahlentscheidungen im Internet. In: dies. (Hrsg.): Selektion im Internet – Empirische Analysen zu einem Schlüsselkonzept. Wiesbaden: Westdeutscher Verlag. S. 43–47.
• Textform, Literaturform • Inhalt, Kernbefund, These, Abstract • Nachvollziehbarkeit (Verständlichkeit) • Bewertung (subjektiv) • Standort (Bibliothek, Signatur, Kopie zu Hause usw.)	• Beitrag in Sammelband • Theorie und Methodologie zu Selektion im Internet, Auflistung von empirischen Faktoren, die Selektion beeinflussen können, Phasenmodell • gute Verständlichkeit • wichtiger Beitrag, aber keine empirischen Daten • Kopie zu Hause

Eine annotierte Literaturliste enthält also nicht nur die objektiven – bibliografischen – Angaben zur Literatur, sondern auch eine mehr oder weniger subjektive Bewertung aus Ihrer Sicht. Während Sie die bibliografischen Angaben der Quellen nur zu erfassen brauchen, müssen Sie deren Brauchbarkeit und Wissenschaftlichkeit selbst bewerten.

> **Hinweis**
> Am besten erstellen Sie eine Tabelle für die annotierte Literaturliste mit den bibliografischen Angaben in der linken Spalte und den Annotationen in der rechten Spalte.
> Eine Alternative dazu sind Karteikarten, die sich alphabetisch ordnen lassen und deren Rückseite später für Abstracts und Zusammenfassungen der jeweiligen Texte verwendet werden können.

Eine annotierte Literaturliste erleichtert die Arbeit bei der späteren Lektüre und beim Schreiben sehr: Indem Sie Stichworte zur Textsorte, über die Wissenschaftlichkeit des Autors und des Inhalts, die Nachvollziehbarkeit, die subjektive Bewertung der Nützlichkeit des Textes, über dessen Aktualität und den Standort der gefundenen Quelle machen, ersparen Sie sich zusätzliche spätere Sucharbeit und unnötige Doppelschritte.

Insbesondere bei größeren Arbeiten werden Sie bald zahlreiche Quellen haben. Es ist kaum möglich, zu jedem Text die wichtigen Informationen im Kopf zu behalten. Außerdem können Sie mit der annotierten Literaturliste interessante Aspekte, die Sie gelesen haben, so festhalten, dass Sie sie zu einem späteren Zeitpunkt wieder finden. Die Annotationen können Sie nach eigenem Bedürfnis gestalten, je nachdem wo Sie das Schwergewicht legen.

3.7.2 Literaturverzeichnis

Das Literaturverzeichnis ist ein unentbehrliches Hilfsmittel der wissenschaftlichen Arbeit. Im Gegensatz zur annotierten Literaturliste, die Ihre eigene Arbeit unterstützen soll und daher freiwillig und nach Ihrem Gutdünken angewandt wird, ist ein Literaturverzeichnis am Ende einer wissenschaftlichen Arbeit unentbehrlich – auch für die Benotung der Arbeit! Ein korrektes Literaturverzeichnis ist wie eine Visitenkarte und enthält sämtliche Quellen, die von der Verfasserin, dem Verfasser der wissenschaftlichen Arbeit herangezogen wurden. Dabei gilt es, ein paar Regeln zu beachten. Im Folgenden lernen Sie, wie die Literaturformen in der Wissenschaft korrekt angegeben werden.

Zuerst müssen Sie sich ein paar Regeln merken, die Sie bei jeder Literaturliste konsequent befolgen sollten:

Pro Arbeit gibt es nur *ein* Literaturverzeichnis. Das heißt: Bücher, Aufsätze, Lexika oder Internetquellen werden alle in derselben Liste aufgeführt.

Sie werden in Büchern und Aufsätzen unterschiedliche Zitierweisen finden, die graduell von den nachfolgend genannten abweichen. Sie können auch eine andere Zitierweise verwenden. Wichtig ist aber, dass Sie *eine einmal begonnene Zitierweise konsequent anwenden* und dass sie alle zur Identifikation des Werkes notwendigen Angaben vollständig nennen.

Die Auflistung der einzelnen Titel erfolgt in *alphabetischer Reihenfolge* nach dem Nachnamen der Autorin oder des Autors.

Aktivität 3-10: Literaturliste vervollständigen
Vervollständigen Sie die lückenhafte Literaturliste in DIGIREP. Suchen Sie die fehlenden Angaben mit dem Suchsystem ihrer Bibliothek.

Hinweis
Jedes Institut, jede Fakultät, teilweise gar jeder Professor hat ein eigenes System der »richtigen Zitierweise« und der Darstellung von Literaturverzeichnissen. Wichtig ist für Sie, dass Sie beim Schreiben einer wissenschaftlichen Arbeit die Grundzüge des Zitierens kennen – diese besagen, dass alle Gedanken, die nicht von Ihnen stammen, gekennzeichnet und nachgewiesen werden müssen. Alles Weitere ist eine Frage der »Zeichensetzung« und lässt sich nicht verallgemeinern – zu groß sind die Unterschiede und unterschiedlichen Gewohnheiten.
- Achten Sie darauf, dass Sie eine einmal gewählte Zitierweise und Quellenangabe konsequent verwenden.
- Halten Sie sich an die Vorgaben Ihres Instituts, Ihrer Fakultät, Ihrer Universität.

3.8 Zusammenfassung: Vertiefung und Übungen

Bei der wissenschaftlichen Arbeit können Tipps und Tricks etwas helfen – was aber wirklich zählt, ist die Übung. Bei der Literaturrecherche ist das genauso! Lassen Sie sich nicht unterkriegen, wenn zu Beginn Ihres Studiums nicht alles beim ersten Mal funktioniert – es ist alles nur eine Frage der Zeit!

Wer erfolgreich studieren will, muss die richtigen Suchstrategien bei der Literaturrecherche beherrschen. Sie müssen wissen, wonach Sie suchen. Dabei hilft es Ihnen, dass Sie zwischen Formen und Typen der Literatur zu unterscheiden wissen. Auch grundlegende Kriterien wie Relevanz und Aktualität der Literatur müssen Sie berücksichtigen.

Sie haben ebenfalls gelernt, wie Sie Literatur suchen können: Sie kennen die üblichen Suchinstrumente der Bibliotheken und des Internets, und Sie können bei der Literatursuche taktisch vorgehen. Sie sind

Zusammenfassung: Vertiefung und Übungen

aber auch in der Lage, den gewünschten Text zu finden, damit Sie ihn lesen und bearbeiten können: Sie wissen, wie eine Bibliothek aufgebaut ist, wie Sie zu Ihrem Zeitschriftenartikel oder an die gesuchten Zahlen aus einer Statistik gelangen.

Schließlich wissen Sie, wie Sie mit der gefundenen Literatur umgehen sollen, damit Sie wichtige Texte wieder finden und ein korrektes Literaturverzeichnis anlegen können.

Aktivität 3-11: Wissens-Check zur Literaturrecherche
In der letzten DIGIREP-Übung zu diesem Kapitel können Sie Ihr Wissen nochmals repetieren. Wir stellen Ihnen ein paar offene Fragen, die Sie anschließend mit unseren Antworten vergleichen können.

4 Lesen

4.1 Wieso lesen?

Keine Frage: Lesen ist ein zentraler Teil jedes Studiums. Aber wieso eigentlich?

Es gibt viele unterschiedliche Begründungen, wieso Lesen für das Studium wichtig ist. Diese Begründungen können vereinfachend in zwei Gruppen unterteilt werden:

Einerseits ist Lesen eine Auseinandersetzung mit der wissenschaftlichen *Tradition*. Wissenschaft arbeitet in der Regel kumulativ, das heißt, neues Wissen baut auf bereits bestehendem, altem Wissen auf. Wir wollen das Rad in der Wissenschaft nicht neu erfinden, sondern aus der Vergangenheit lernen. Der Physiker NEWTON hat diesen kumulativen Ansatz umschrieben, indem er seine eigene wissenschaftliche Leistung bildlich damit erklärte, dass er als Zwerg auf den Schultern von Riesen, nämlich den wissenschaftlichen Vorgängern stehe und damit einen größeren Ausblick habe (vgl. CHARD 2006). Damit dieses kumulative Vorgehen gelingen kann, muss der einzelne Wissenschaftler – und müssen auch Sie als Studierende – sich immer wieder von neuem mit dem aktuellen Stand der Forschung vertraut machen. Dies geschieht in aller Regel durch das Lesen der aktuellsten wissenschaftlichen Publikationen zu einem bestimmten Thema.

Die Auseinandersetzung mit der Tradition ist auch Voraussetzung für die Reproduktion des Wissens, wie das u. a. in Prüfungen verlangt wird.

Andererseits ist Lesen die Voraussetzung für *Innovation* in der Wissenschaft. Durch das Lesen werden wir mit der Landkarte des Wissens vertraut, die neben dem Bekannten auch das Unbekannte, die weißen Flecken einschließt. Wie bereits ausgeführt, baut Innovation auf der Tradition des Wissens auf. Solche Innovation findet aber nur statt, wenn das in Texten gespeicherte Wissen durch menschliche Arbeit aufgenommen, also gelesen und zu etwas Neuem weiterverarbeitet wird. Wissenschaftliche Innovationen werden in aller Regel durch neue Texte und deren Publikation bekannt gemacht. In diesem Sinne ist Lesen meist auch eine notwendige Vorbereitung für das Schreiben, mit dem wir uns im Kapitel 5 auseinander setzen werden.

Aktivität 4-1: Überwindung von Lesebarrieren
Oft kommt es aber vor, dass Studierende mit dem Lesen von wissenschaftlichen Texten Mühe bekunden. Was kann man dagegen tun? Einige individuelle Hinweise darauf finden Sie in dieser Aktivität in DIGIREP.

4.2 Vor dem Lesen: Die Lesevorbereitung

4.2.1 Was lesen?

Bevor Sie mit Lesen beginnen, müssen Sie eine Auswahl an Literatur treffen. Was sollen oder wollen Sie überhaupt lesen? Manchmal sind die zu lesenden Texte festgelegt, zum Beispiel als Pflichtlektüre durch Dozentinnen oder Dozenten. Häufig müssen Sie die Textauswahl aber selbst vornehmen: Dazu ist eine Literaturrecherche notwendig. Dieses Thema wurde bereits ausführlich in Kapitel 3 (»Literaturrecherche«) behandelt.

An dieser Stelle sei noch einmal festgehalten, auf welche Punkte bei der Auswahl von Texten zu achten ist:

Hinweis
Es gibt sehr viele unterschiedliche wissenschaftliche und auch nicht wissenschaftliche Textformen, die für das Studium relevant sind. Die Beispiele reichen von wissenschaftlichen Fachzeitschriften über Bücher (Monografien, Sammelbände) bis zu grauer Literatur und Internet-Quellen. Diese Textformen unterscheiden sich unter anderem hinsichtlich der folgenden Kriterien:
- Wissenschaftliche Qualität
- Thematische Qualität (Übereinstimmung mit dem zu bearbeitenden Thema)
- Aktualität
- Umfang
- Zugänglichkeit

Zur Beurteilung dieser Kriterien ist meistens ein Anlesen der Texte notwendig.

Vor dem Lesen: Die Lesevorbereitung

Der nun folgende Lernschritt befasst sich mit den unterschiedlichen Intensitäten, die man beim Lesen anwenden kann:

4.2.2 Wie intensiv lesen?

Lesen für das Studium ist Arbeit und braucht viel Zeit. Es lohnt sich deshalb, auch Zeit in die Vorbereitung des Lesens zu investieren. Lesen im Studium dient nicht der Unterhaltung und Zerstreuung, sondern ist eine sehr zielgerichtete Aktivität.

Damit Sie das angestrebte Ziel mit vernünftigem Aufwand auch erreichen, müssen Sie ökonomisch lesen, das heißt, Sie sollten sowohl effektiv (»das Richtige«) als auch effizient (»richtig, ohne unnötigen Aufwand«) lesen. Doch, wie geht das?

Je nach dem Ziel, welches Sie mit dem Lesen verfolgen, gibt es unterschiedliche Lese-Intensitäten (siehe Tabelle 4-1):

Intensitätsstufe	Leseziel
kursorisches Lesen	Relevanz des Textes für ein Thema bestimmen
selektives Lesen	Detaillierte Informationen zu einem bestimmten Thema finden
studierendes Lesen	Inhalt des Textes vollständig verstehen und wiedergeben können

Tabelle 4-1
Intensitätsstufen des Lesens

In den folgenden Lernschritten gehen wir ausführlicher auf diese drei Intensitätsstufen des Lesens ein.

Um die Leseziele zu erreichen, empfiehlt es sich, zunächst jeweils Fragen an den Text zu formulieren. In diesem Kapitel werden Sie verschiedene Typen von sinnvollen Fragen kennen lernen, die Sie an einen Text stellen können, um Ihr Leseziel – abhängig von der Intensitätsstufe – zu erreichen. Eine Zusammenstellung von allen sinnvollen Fragen beim Lesen befindet sich am Schluss dieses Kapitels (siehe Tabelle 4-11).

4.3 Während des Lesens: Verschiedene Intensitätsstufen

4.3.1 Intensitätsstufe I: Kursorisches Lesen

Beim kursorischen Lesen von Texten steht dieses bestimmte Leseziel im Vordergrund: die Entscheidung, ob ein Text relevant ist für das zu bearbeitende oder zu untersuchende Thema. Nach dem kursorischen Lesen sollte in der Regel Klarheit darüber herrschen, ob ein Text im wissenschaftlichen Arbeitsprozess weitere Beachtung verdient oder nicht. Beim kursorischen Lesen werden Sie Ihre Aufmerksamkeit nicht gleichmäßig auf den gesamten Text richten, sondern bestimmte Textelemente intensiver und andere weniger intensiv lesen. In Tabelle 4-2 ist eine Zusammenstellung der unterschiedlichen Aufmerksamkeitsgrade je nach Textstelle zu finden.

Große Aufmerksamkeit verdienen insbesondere die folgenden zentralen Elemente:
- Autor
- Titel
- Inhaltsverzeichnis
- Abstract
- Zusammenfassung
- Klappentext

Der Rest des Textes kann überflogen werden, um einen ersten Eindruck zu gewinnen.

Während des Lesens: Verschiedene Intensitätsstufen

Aufmerksamkeitsgrad	zu beachten
Überfliegen	• Durchblättern: Tabellen, Grafiken, die etwas zum Thema aussagen, Erläuterung? • Überfliegen eines Kapitelanfangs • Überfliegen des Vorwortes und der Einleitung
Hinschauen und Überlegen	• Autor, Titel, Untertitel • Verlag • Erscheinungsjahr (aktuell?) • Literaturverzeichnis (aktuell?)
Detailliert lesen	• Inhaltsverzeichnis • Abstract, Zusammenfassung • Klappentext • Register (Test mit Schlüsselbegriffen)

Tabelle 4-2
Aufmerksamkeitsgrade beim kursorischen Lesen eines Textes

Bereits beim kursorischen Lesen ist es sinnvoll, mit bestimmten Fragen an einen unbekannten Text heranzugehen. Die folgenden Fragen können als universelle Fragen bezeichnet werden, die an jeden (wissenschaftlichen) Text – also auch an einen noch weitgehend unbekannten – gestellt werden können. Neben den Fragen zum (objektiven) Inhalt sind auch subjektiv-situative Fragen wichtig:

Fragetyp	Fragebeispiele
universelle Fragen	• Was ist das Thema dieses Textes? • Welche Theorien werden im Text verwendet? • Welche empirischen Methoden werden im Text verwendet? • Was sind die Ergebnisse und Schlussfolgerungen aus dem Text? • Handelt es sich um einen Primär- oder einen Sekundärtext? • Wie hoch ist die Wissenschaftlichkeit des Textes einzuschätzen?
subjektiv-situative Fragen	• Wie lesbar und verständlich ist der Text für mich? • Wie interessant ist der Text? • Wie relevant ist der Text für mein Thema?

Tabelle 4-3
Fragen an den Text

> **Hinweis**
> Universelle Fragen können und sollen an jeden wissenschaftlichen Text gestellt werden. Es sollte auch möglich sein, diese Fragen objektiv, das heißt unabhängig von der subjektiven Situation des Lesers zu beantworten. Für den Entscheid, ob ein Text weiter bearbeitet werden soll, sind aber auch zusätzlich subjektive und situative Fragen wichtig.

> **Aktivität 4-2: Kursorisches Lesen**
> Die drei nachfolgend genannten Texte finden Sie in DIGIREP. Sie dienen als Grundlage für diese Aktivität in diesem Kapitel. Laden Sie sich die Texte im pdf-Format herunter und drucken Sie sie aus. Nehmen Sie sich für jeden Text höchstens fünf Minuten Zeit. Beantworten Sie sowohl die universellen als auch die subjektiv/situativen Fragen zu den drei Texten.
> FRÖHLICH, Romy (2002): Besprechung des Werks: BAERNS, Barbara (1985): Öffentlichkeitsarbeit oder Journalismus? Zum Einfluss im Mediensystem. In: Christina HOLTZ-BACHA/Arnulf KUTSCH (Hrsg.): Schlüsselwerke für die Kommunikationswissenschaft. Opladen: Westdeutscher Verlag. S. 37–39.
> KEPPLINGER, Hans Matthias (2001): Der Ereignisbegriff in der Publizistikwissenschaft. In: Publizistik 46, H. 2, S. 117–139.
> MCQUAIL, Denis (1994): Mass Communication Theory: An Introduction. 3rd ed. London: Sage.

4.3.2 Intensitätsstufe II: Selektives Lesen

Die zweite Intensitätsstufe des Lesens, das selektive Lesen, erfolgt erst nach dem kursorischen Lesen und der Textauswahl. Ziel des selektiven Lesens ist die Suche nach Teilinformationen. Selektives Lesen entspricht häufig der sprichwörtlichen Suche nach der »Stecknadel im Heuhaufen«, weil Sie aus einem ganzen Text die wesentlichen Informationen heraussuchen sollen.

Entscheidend für erfolgreiches selektives Lesen ist eine klare Frage an den Text. Typische Fragen, die durch selektives Lesen beantwortet werden können, sind zum Beispiel:
- Definitionen von Begriffen
- Quantitative Angaben

- Diskussionen aus anderen Studien und von anderen Autoren

Selektives Lesen erfordert eine dauernde Variation des Lesetempos. Unwichtiges kann rasch überflogen werden. Bei Wichtigem muss das Tempo gedrosselt und sorgfältig geprüft werden, ob an dieser Stelle eine Antwort auf die offene Frage zu finden ist. Wegen des variierenden Lesetempos erfordert selektives Lesen ein Höchstmaß an Konzentration.

Gliederung wissenschaftlicher Texte
Eine große Hilfe beim selektiven Lesen ist die meist klare Gliederung wissenschaftlicher Texte. Unabhängig von der Textsorte sind wissenschaftliche Publikationen mindestens in die folgenden Teile gegliedert (siehe auch Kapitel 5, »Schreiben«, Abschnitt 5.4.2, »Die Elemente der wissenschaftlichen Arbeit«).

Einleitung	• Einführung ins Thema • Vorstellen der Fragestellung, die im Hauptteil bearbeitet wird • Beschreibung des Forschungsanlasses (Auftragsforschung, Eigeninitiative des Forschers, Art der Arbeit, Finanzierung) • Ausblick auf den Gesamttext	**Tabelle 4-4** Allgemeines Gliederungsschema für wissenschaftliche Texte
Hauptteil	• Zusammenfassung des Forschungsstandes • Vorstellen der eigenen Untersuchungsergebnisse in Bezug auf die Fragestellung	
Schluss	• Zusammenfassen des Hauptteils • Fazit: Welche Erkenntnisse wurden gewonnen in Bezug auf die Fragestellung? • Welche neuen Fragestellungen sind aufgetaucht? • Welche Schlussfolgerungen ergeben sich für den weiteren Forschungsbedarf?	

Handelt es sich um empirische Arbeiten, so kann dieses Gliederungsschema insbesondere für den Hauptteil des Textes noch weiter differenziert werden:

Tabelle 4-5
Gliederungsschema für empirische wissenschaftliche Texte

Einleitung	• Einführung ins Thema • Vorstellen der Fragestellung, die im Hauptteil bearbeitet wird • Beschreibung des Forschungsanlasses (Auftragsforschung, Eigeninitiative des Forschers, Art der Arbeit, Finanzierung) • Ausblick auf den Gesamttext
Hauptteil I: Theorie	• Zusammenfassung des Forschungsstandes • Formulierung von erkenntnisleitenden Hypothesen
Hauptteil II: Empirie	• Datenerhebungsverfahren, Stichprobenbildung, Auswertungsmethoden
Hauptteil III: Auswertung und Resultate	• Vorstellen der Resultate (beschreibend, Hypothesen prüfend)
Schluss	• Zusammenfassen des Hauptteils • Fazit: Welche Erkenntnisse wurden gewonnen in Bezug auf die Fragestellung? • Welche neuen Fragestellungen sind aufgetaucht? • Welche Schlussfolgerungen ergeben sich für den weiteren Forschungsbedarf?

Die große Mehrheit der Autoren orientiert sich zwar an diesem Gliederungsschema, die Benennung der einzelnen Textteile variiert zum Teil aber erheblich.

Aktivität 4-3: Selektives Lesen
In dieser Übung sind Ihre Fähigkeiten beim selektiven Lesen gefragt: Ordnen Sie dem Gliederungsschema für empirische Texte die entsprechenden Textteile aus dem Aufsatz von Mathias KEPPLINGER (2001) von Aktivität 4-2 zu.

4.3.3 Intensitätsstufe III: Studierendes Lesen

Identifikation und Distanz: Innen- und Außenperspektive
Das studierende Lesen ist die höchste Intensitätsstufe. Ein Text soll als Ganzes durchgearbeitet und verstanden werden. Das studierende Lesen erfordert aus diesem Grunde auch den größten Aufwand.

Beim studierenden Lesen können zwei Grundhaltungen unterschieden werden. Einerseits soll der Text aus einer Innenperspektive gelesen werden, das heißt in einer offenen und vorurteilsfreien Haltung, die sich möglichst weit auf die Argumentation des Textes einlässt und ihr zu folgen versucht. Diese Leseperspektive ist sinnvoll für den Erstkontakt mit einem Text.

Beim Lesen aus der Innenperspektive versucht der Leser, die Leserin, sich mit der Ansicht und der Argumentation des Autors zu identifizieren und dessen Gedankengänge nachzuvollziehen. Als Lesende nehmen Sie zugleich Autorenperspektive ein. Ihre Kritik sollte textimmanent sein, das heißt, Sie sollten Ihren Blick auf die Aussagen des Autors richten und untersuchen, ob diese in sich stimmig sind. Daraus können Sie eine allgemeine Schlussfolgerung ziehen und entscheiden, ob der Text aus Ihrer Sicht schlüssige Argumente enthält und ob die aufgestellten Behauptungen Sie überzeugen.

Die zweite Grundhaltung des studierenden Lesens ist die Distanz gegenüber dem Text. Diese sollte bei einem zweiten Durchlesen eingenommen werden. Es empfiehlt sich, geistig Distanz vom Text zu nehmen, ihn aus einer Außenperspektive zu betrachten und sich zu fragen, wie sich ein Text in den größeren Diskussionszusammenhang einordnen lässt. Die Außenperspektive verlangt eine eigene Perspektive von Ihnen als Lesender oder Lesende: Trifft der Autor Ihrer Meinung nach überhaupt das Thema, das Problem, von dem er eingangs sagt, dass er sich damit auseinander setzt? Fehlen eventuell wichtige Aspekte, die Sie erwartet hätten? Ihre Kritik ist damit textemanent.

In der nachfolgenden Tabelle 4-6 werden die zwei Grundhaltungen beim Lesen nochmals zusammenfassend dargestellt und eine Reihe von Fragen aufgeführt, die für die Vorbereitung von studierendem Lesen sinnvoll sind:

Tabelle 4-6
Vergleich der zwei Grundhaltungen beim studierenden Lesen

	Innenperspektive / Autorenperspektive	Außenperspektive / Perspektive der Lesenden
Grundfragen an den Text	• Was sagt der Autor aus? • Um was geht es im Text?	• Trifft der Autor überhaupt das Thema, das interessierende Problem? • Welche wichtigen Aspekte fehlen evtl. in der Darstellung?
Grundhaltung beim Lesen	• Nähe, Identifikation mit der Perspektive des Textes und des Autors	• Distanz gegenüber der Perspektive des Textes und des Autors
Sinnvoller Zeitpunkt für diese Lesehaltung	• Beim ersten studierenden Lesen des Textes	• Beim wiederholten Lesen des Textes
Kritik	• Textimmanent: Worauf stützen sich die Aussagen (Daten, Alltagsmeinungen, Vermutungen des Autors, logische Folgerungen)?	• Textemanent: Welche widersprechenden Argumente und Beweise werden nicht genannt?
Abschließende Fragen	• Reicht die Materialbasis für die aufgestellten Behauptungen? • Wie schlüssig ist die Argumentation?	• Wie ordnet sich der Text in die Diskussion zum Thema ein? • Setzt sich der Text mit anderen Positionen überhaupt auseinander?

Während des Lesens: Aktives Arbeiten mit dem Text durch Hervorhebungen

Studierendes Lesen ist kein passiver Vorgang, sondern ein aktives Arbeiten mit dem Text. Deshalb empfiehlt es sich, bereits während des ersten Lesens den Text im durchaus wörtlichen Sinne zu bearbeiten, das heißt, mit Hervorhebungen und Randnotizen zu versehen. Solche Lesezeichen haben einerseits die Funktion, die Schlüsselstellen des Textes zu markieren und damit die Botschaft des Textes noch deutlicher hervortreten zu lassen. Durch solche Hervorhebungen während des Lesens ist eine Grundlage geschaffen für eine spätere Zusammenfassung des Textes. Die folgenden Hervorhebungen können zum Ziel der Textwiedergabe eingesetzt werden:

- Unterstreichen von zentralen Aussagen
- Gliederung des Textes mit Leitwörtern am Rand: Welche Funktion hat ein bestimmter Textteil? Z. B. Fragestellung, Definition, Beispiel, Ergebnis, Verallgemeinerung, Schlussfolgerung?
- Zusammenfassung des Textes mit Hilfe von Stichwörtern oder kurzen Sätzen
- Hervorhebungen können aber auch eingefügt werden, um den Text aus der Perspektive des Lesers zu kommentieren. Eine Liste von sinnvollen kommentierenden Lesezeichen ist in Tabelle 4-7 zu finden:

Zeichen	Bedeutung
II / I	wichtig, sehr wichtig
?	Unklar (genau festhalten, was unklar ist)
//	Parallele, ähnliche Aussage mit…
←→	Gegensatz, Widerspruch zu…
→	Daraus folgt…
!	Überraschende Aussage

Tabelle 4-7 Kommentierende Lesezeichen und ihre Bedeutung

Diese Liste ist nicht vollständig, sondern soll als Anregung zur Entwicklung eines individualisierten Zeichensatzes dienen.

Selektives und studierendes Lesen: Spezifische Fragen stellen
Stellen Sie beim studierenden Lesen konkrete Fragen an den Text. Bei dieser Intensitätsstufe reicht es nicht mehr, nur universelle Fragen zu stellen. Die Fragen an den Text müssen auf den zu lesenden Text und das eigene Erkenntnisinteresse zugeschnitten sein. Eine gute Ausgangslage und Starthilfe, um spezifische Fragen an einen Text zu formulieren, sind die W-Fragen:
- was
- warum
- wozu
- wie
- wer
- wo
- wann

Die nachfolgende Tabelle 4-8 zeigt, wie aus W-Fragen spezifische Fragen formuliert werden können:

Tabelle 4-8 Spezifische Fragen: Was will ich von einem Text wissen? Sinnvolle W-Fragen (in Anlehnung an FRANCK 1999:32)

W-Frage	ausformulierte Frage	Beispiel
was	Um welches Thema geht es?	Definitionen: Was heißt Globalisierung?
warum, wozu	Was sind Ursachen, Gründe, Motive? Was sind Wirkungen, Zwecke, Ziele?	Was sind die Wirkungen von Gewalt in den Medien auf das Verhalten von Medienrezipienten?
wie	In welcher Art und Weise?	Wie wird in den Medien über das Thema Gentechnologie berichtet?
wer	Welche Personen, Organisationen und Institutionen?	Welche Kandidaten erhalten in der Politikberichterstattung mehr, welche weniger Beachtung durch die Medien?
wo	Auf welchen geografischen Raum bezieht sich der Text?	Welche Länder erhalten in der Auslandberichterstattung wie viel Gewicht?
wann	Zu welchen Zeiten, Phasen?	Wie rasch hat sich das Internet im Vergleich zu anderen Medien ausgebreitet?

Aktivität 4-4: Studierendes Lesen
Bereiten Sie den Text von McQUAIL (1994) auf Aktivität 4-2 vor, indem Sie folgende Übung lösen:
a) Eigene Fragen an den Text:
- Formulieren Sie sieben eigene W-Fragen an den Text, die je einer Zeile in Tabelle 4-8 entsprechen. Diese Fragen können zum Beispiel dazu dienen, eine Zusammenfassung des Textes zu erstellen.
- Lesen Sie den Text mit dem Ziel, Antworten auf diese Fragen zu finden.
- Verwenden Sie während dem Lesen die oben vorgestellten Lesezeichen.
- Beantworten Sie die Fragen nach der Lektüre des Textes. Erstellen Sie dazu je eine Paraphrasierung und ein Zitat aus dem Text.

> b) Noch offene Fragen
> Notieren Sie mindestens eine Frage, die für Sie persönlich auch nach der sorgfältigen Lektüre des Textes noch ungeklärt ist. Dabei kann es sich sowohl um Verständnisfragen handeln als auch um weitere Forschungsfragen, die mit diesem Text noch nicht beantwortet sind.

Literatur

CHARD (2006): The Very Highest Quality Information: Standing: On The Shoulders Of Giants. In: ‹http://www.24carat.co.uk/standingontheshouldersofgiants.html› (1.4.2006).

FRANCK, Norbert (1999): Fit fürs Studium. Erfolgreich reden, lesen, schreiben. München: dtv.

FRÖHLICH, Romy (2002): Besprechung des Werks: BAERNS, Barbara (1985): Öffentlichkeitsarbeit oder Journalismus? Zum Einfluss im Mediensystem. In: Christina HOLTZ-BACHA/Arnulf KUTSCH (Hrsg.): Schlüsselwerke für die Kommunikationswissenschaft. Opladen: Westdeutscher Verlag. S. 37–39.

KEPPLINGER, Hans Matthias (2001): Der Ereignisbegriff in der Publizistikwissenschaft. In: *Publizistik* 46, H. 2, S. 117–139.

MCQUAIL, Denis (1994): Mass Communication Theory: An Introduction. 3rd ed. London: Sage.

4.4 Gelesenes festhalten

4.4.1 Das Gelesene festhalten

Indem Sie Texte aktiv und studierend lesen und bereits während des Lesens wichtige Elemente durch geeignete Lesezeichen und Randnotizen festhalten, haben Sie schon viel Arbeit am Text geleistet. Für eine Weiterverwendung des Textes ist es nun erforderlich, dass Sie diese ersten »Bruchstücke« oder »Fundstücke« systematisch ordnen und sichern.

Dazu gibt es im Wesentlichen zwei Grundtechniken, nämlich einerseits die Visualisierung des Textes, andererseits die sprachliche Fixierung des Gelesenen.

Visualisierungen des Gelesenen
Bei den Visualisierungen gibt es viele verschiedene Formen, die angewendet werden können. Vielleicht haben Sie sogar selbst eine geeignete Art entwickelt, wie Sie Gelesenes visualisieren. Wir zeigen Ihnen die beiden gebräuchlichsten Arten von Visualisierungen, die Mindmaps und Flussdiagramme (für die Bedeutung von Mindmaps beim Schreiben siehe auch Abschnitt 5.4.1, »Material strukturieren«).

Der Begriff »Mindmap« heißt wörtlich übersetzt »Geistige Landkarte« und umfasst all diejenigen grafischen Darstellungen, bei denen mehrere geistige Elemente (z. B. Gedanken, Ideen, Begriffe usw.) mit Hilfe eines Baumdiagramms miteinander verbunden werden. *Mindmaps* können in unterschiedlichsten Situationen zur Strukturierung und Visualisierungen von komplexen, oft unübersichtlichen Sachverhalten eingesetzt werden.

Ein Mindmap wird sinnvollerweise in zwei Phasen erstellt: In einer ersten Phase werden die Elemente gesammelt, die von Interesse sind. Dies kann im Rahmen eines individuellen oder auch kollektiven Brainstormings geschehen, bei dem alle Ideen und Gedanken zu einem bestimmten Thema festgehalten werden. In dieser Phase geht es darum, möglichst ohne Selektion alle Elemente vollständig aufzulisten.

In einer zweiten Phase werden die Beziehungen zwischen den Elementen bestimmt. Welche Elemente gehören zusammen und können als Zweige desselben Astes dargestellt werden? Was sind Oberbegriffe, also Hauptäste, was Unterbegriffe, also Unteräste? Welche Elemente kann man allenfalls auch weglassen? Wo fehlen noch Begriffe und Elemente? Die Darstellung in Form eines Baumdiagrammes mit Haupt- und Unterästen kann oft auch direkt verwendet werden als Textgliederung mit den entsprechende Haupt- und Unterkapiteln.

Das Erstellen eines Mindmaps kann in unterschiedlichen Phasen eines wissenschaftlichen Projekts oder einer studentischen Arbeit sinnvoll sein. Neben den Startphasen gehören dazu auch Zwischenphasen, in denen zum Beispiel ein umfangreicher Text visuell zusammengefasst wird. Zum Mindmapping gibt es eine umfangreiche Literatur und auch Software, mit deren Hilfe der Darstellungsprozess vereinfacht werden kann (BUZAN/BUZAN 2005; MINDGENIUS 2006). Ein Beispiel für ein Mindmap ist in Abbildung 4-1 zu finden, in der die Struktur dieses Kapitels mit Hilfe eines Mindmaps dargestellt wurde.

Gelesenes festhalten 125

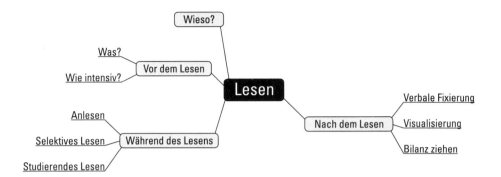

Abbildung 4-1
Mindmap zur Struktur dieses Kapitels
(Quelle: Eigene Darstellung)

Eine andere Form der Visualisierung sind so genannte *Flussdiagramme*. Diese Visualisierungsform ist – im Gegensatz zu Mindmaps – nicht universell einsetzbar, sondern spezifisch zur Darstellung von Entscheidungsprozessen entwickelt worden. Jedem Typ eines Handlungsschritts (z. B. Entscheidungen oder Ausführungen von bestimmten Handlungen) entspricht eine bestimmte grafische Darstellung (z. B. Rhombus oder Rechteck):

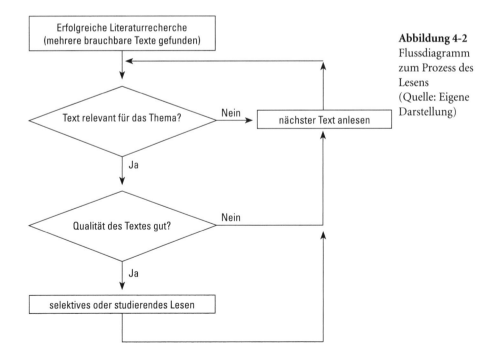

Abbildung 4-2
Flussdiagramm zum Prozess des Lesens
(Quelle: Eigene Darstellung)

In Abbildung 4-2 ist der Prozess des Lesens in Form eines Flussdiagramms dargestellt. Ein Rhombus steht dabei für eine Entscheidung, an die sich zwei oder mehrere Handlungsoptionen anschließen, ein Rechteck für eine Aktivität ohne anschließende Entscheidung.

Verbale Fixierung des Gelesenen
Ein wichtiges Ziel beim Lesen von wissenschaftlichen Texten während des Studiums ist das Schreiben einer wissenschaftlichen Arbeit. Die verbale Fixierung des Gelesenen schon während des Lektüreprozesses ist daher eine sehr hilfreiche Vorbereitung für das Schreiben. An dieser Stelle werden die Grenzen zwischen systematischem Lesen von Fremdtexten und Schreiben von eigenen Texten fließend (siehe dazu auch Kapitel 5,»Schreiben«).

Bei der schriftlichen Wiedergabe von Texten sind wiederum zwei Grundtechniken zu unterscheiden:

In einem ersten Schritt geht es darum, einzelne zentrale Textteile wiederzugeben. Solche Textausschnitte nennt man *Exzerpte*, bei denen wiederum zwischen zwei Formen unterschieden wird, nämlich den Zitaten und den Paraphrasierungen. Die Unterschiede zwischen diesen beiden Typen von Exzerpten sind in Tabelle 4-9 dargestellt:

Tabelle 4-9
Zitat und Paraphrasierung als unterschiedliche Formen von Exzerpten

	Zitat	**Paraphrase**
Definition	• Wörtliche Wiedergabe einer Stelle aus dem Originaltext	• Wiedergabe einer wichtigen Textstelle in den Worten des Lesers/der Leserin
Vorteile	• Geringer Arbeitsaufwand	• Durch Übersetzung in die eigene Sprache ist eher eine Garantie für das Verständnis der Textstelle gegeben
Nachteile	• Korrektes Verständnis durch den Leser/die Leserin ist nicht immer garantiert • Nicht alle Autoren formulieren zitierfähige Passagen!	• Höherer Arbeitsaufwand • Jede Übersetzung ist auch eine Interpretation • Sinnstellende Paraphrasierungen können zu Fehlinterpretationen führen

Die Gegenüberstellung der zwei Formen von Exzerpten macht deutlich, dass beide ihre spezifischen Vor- und Nachteile haben. In der Regel sollten wörtliche Zitate eher sparsam eingesetzt werden. Paraphrasierungen sind trotz des größeren Aufwands stärker zu empfehlen, denn sie verlangen eine intellektuelle Eigenleistung, die bereits mithilft, dass Sie sich an das Gelesene besser erinnern und in schriftlichen Arbeiten auch wieder verwenden können.

Abstracts und Executive Summaries
Exzerpte geben jeweils nur wichtige Ausschnitte aus einem Text wieder. Sie können als Vorstufe und Bausteine für eine vollständige, zusammenfassende Wiedergabe des Textes verwendet werden. Solche vollständigen Zusammenfassungen werden in wissenschaftlichen Fachzeitschriften *Abstracts* genannt und von den Autoren selbst erstellt. In anderen Zusammenhängen spricht man auch von *Executive Summaries,* mit denen umfangreiche Forschungsberichte auf wenigen Seiten zusammengefasst werden. Selbst wenn von einem wissenschaftlichen Text bereits eine Zusammenfassung durch den Autor existiert, kann es sinnvoll sein, die eigene Zusammenfassung zu schreiben. Zusammenfassen heißt immer auch Auswählen von Wichtigem und Weglassen von Unwichtigem. Die Unterscheidung zwischen Wichtigem und Unwichtigem ist kein rein objektiver Vorgang, sondern beinhaltet Bewertungsprozesse, bei denen sich die Urteile von Autor und Leser durchaus unterscheiden können und dürfen.

Wichtig ist bei einer Zusammenfassung nicht ein möglichst großer Umfang, sondern die Selektion der zentralen Erkenntnisse aus dem Text. Gute Zusammenfassungen sind meist sehr kurz und bringen in wenigen Sätzen das Wichtigste auf den Punkt.

4.4.2 Bilanz ziehen

Sie sind fast am Schluss des Kapitels »Lesen« angelangt. Sie haben die verschiedenen Intensitätsstufen des Lesens durchlaufen, den studierend gelesenen Text mit Lesezeichen bearbeitet und zentrale Stellen mit Hilfe von Paraphrasierungen und Zitaten festgehalten. Bevor Sie den bearbeiteten Text (vorläufig) zur Seite legen, fehlt noch ein letzter Schritt: Bilanz ziehen und einen Rückblick auf die Leserfahrung vornehmen. Der Rückblick ist gleichzeitig auch die Grundlage für einen Ausblick auf Ihre weitere Arbeit. Sinnvolle Fragen zum Rück- und Ausblick sind in Tabelle 4-10 aufgeführt.

Tabelle 4-10 Bilanzfragen zum Rück- und Ausblick nach dem Lesen eines Textes

Fragetyp	Fragebeispiele
Rückblicksfragen	• Was haben Sie gelernt vom Text? • Welche Fragen wurden beantwortet? • Was ist unklar geblieben? • Welche neuen Zusammenhänge und Perspektiven wurden deutlich?
Ausblicksfragen	• Wie passt der Text mit dem bisher Erarbeiteten, Gelesenen zusammen? Bestätigt er die bisherigen Annahmen, oder steht er im Widerspruch dazu? • Welche Definitionen, Argumente, Vorschläge oder Verweise können Sie übernehmen? • Welche Konsequenzen hat der Text für Ihre geplante schriftliche Arbeit? Muss zum Beispiel der Aufbau verändert werden? • Welche anderen Texte sollen als Nächstes gelesen werden?

Die Antworten auf diese Fragen verlangen nach einer Bewertung des Textes aus Ihrer subjektiven Perspektive. Unmittelbar nach der Lektüre haben Sie meist einen mehr oder wenigen klaren Eindruck über die Nützlichkeit und Weiterverwendbarkeit eines Textes. Es empfiehlt sich, diesen Eindruck nicht nur im Gedächtnis abzulegen, sondern auch schriftlich festzuhalten, denn zwischen der systematischen Lektüre eines Textes und dessen Verwendung in einer schriftlichen Arbeit liegen oft mehrere Wochen, Monate und auch Jahre. Wie Sie eine solche kommentierte oder annotierte Literaturliste anlegen, haben Sie bereits in Kapitel 3 (»Literaturrecherche«) im Abschnitt 3.7, »Wie dokumentieren?« erfahren.

Literatur

BUZAN, Tony/BUZAN, Barry (2005): Das Mind-Map-Buch: Die beste Methode zur Steigerung Ihres geistigen Potenzials. 5., aktualisierte Auflage. Landsberg am Lech: Moderne Verlagsgesellschaft.

MINDGENIUS (2006): Optimize what you Learn, Think and Do! In: http://mindgenius.com/ (1.4.2006)

4.5 Fragen an den Text

Zurück an den Anfang oder: Ein Lob auf die Wiederholung
Dieses Kapitel ist linear aufgebaut und hat Sie Schritt für Schritt durch verschiedene Phasen des wissenschaftlichen Lesens geführt. Auch wissenschaftliche Texte sind linear aufgebaut, sie fangen mit der Einleitung an und hören mit dem Schlusskapitel auf. An dieser Stelle soll auf einen wesentlichen Unterschied zwischen dem wissenschaftlichen und dem »belletristischen« Lesen hingewiesen werden: Während es für belletristische Texte meist ausreichend ist, wenn man sie ein einziges Mal in linearer Abfolge liest, erfordern wissenschaftliche Texte eine wiederholte Lektüre, bei der jeweils unterschiedliche Arbeitsschritte erledigt werden. Solche Wiederholungen und Schleifen sind nicht als Zeitverlust oder gar Versagen zu betrachten, sondern gehören ganz einfach dazu. Wissenschaftliches Lesen erfordert mit anderen Worten also einen erheblichen zeitlichen und mentalen Aufwand. Nehmen Sie sich die dazu notwendige Zeit. Und scheuen Sie sich nicht, immer wieder von vorn anzufangen und gewisse Arbeitsschritte zu wiederholen.

Ebenfalls im Sinne einer Wiederholung haben wir für Sie einen Katalog mit Beispielfragen zusammengestellt. Alle diese Fragen an den Text haben Sie in diesem Kapitel bereits einmal angetroffen. Es sind Fragen, die Sie beim Lesen von Texten immer wieder gebrauchen können:

Phasen des Lesens	Fragetypen	Beispielfragen (Auswahl)
vorher	Einstiegsfragen zur Bestimmung der Leseziele und Leseintensitäten	• Ist ein Text relevant für mein Thema, das ich untersuchen möchte? • Suche ich nach detaillierten Informationen? • Muss ich den zu lesenden Text vollständig verstehen und auch wiedergeben können?
	Universelle Fragen an den Text (beim kursorischen Lesen)	• Was ist das Thema dieses Textes? • Welche Theorien werden im Text verwendet? • Welche empirischen Methoden werden im Text verwendet?

Tabelle 4-11 Zusammenstellung sinnvoller Fragen beim Lesen in Abhängigkeit von Lesephase

Fortsetzung der Tabelle auf der folgenden Seite

		• Was sind die Ergebnisse und Schlussfolgerungen aus dem Text? • Ist es ein Primär- oder Sekundärtext? • Wie hoch ist die Wissenschaftlichkeit des Textes einzuschätzen?
	Subjektiv-situative Fragen an den Text (beim kursorischen Lesen)	• Wie lesbar und verständlich ist der Text für mich? • Wie interessant ist der Text? • Wie relevant ist der Text für mein Thema?
während	Spezifische Fragen (beim selektiven oder studierenden Lesen)	• W-Fragen: Was? Warum, wozu? Wie? Wer? Wo? Wann? • Beispiele: Was sind Ursachen, Gründe, Motive? Was sind Wirkungen, Zwecke, Ziele? Auf welchen geographischen Raum bezieht sich eine Untersuchung?
	Bilanzfragen: Rückblick	• Was haben Sie gelernt vom Text? • Welche Fragen wurden beantwortet? • Was ist unklar geblieben? • Welche neuen Zusammenhänge und Perspektiven wurden deutlich?
nachher	Bilanzfragen: Ausblick	• Wie passt der Text mit dem bisher Erarbeiteten, Gelesenen zusammen? • Bestätigt er die bisherigen Annahmen oder steht er im Widerspruch dazu? • Welche Definitionen, Argumente, Vorschläge oder Verweise können Sie übernehmen? • Welche Konsequenzen hat der Text für ihre geplante schriftliche Arbeit? Muss z. B. der Aufbau verändert werden? • Welche anderen Texte sollen als nächstes gelesen werden?

Aktivität 4-5: Fragen beim Lesen
Lösen Sie zum Abschluss des Kapitels »Lesen« in DIGIREP diese Übung, die sich mit dem Fragenkatalog auseinander setzt.

5 Schreiben

5.1 Schreiben als Erkenntnisprozess

5.1.1 Gewinnen, Strukturieren und Dokumentieren von Wissen

Sie haben viel Vorarbeit geleistet und möchten nun Ihre wissenschaftliche Arbeit in eine schriftliche Form bringen. Sie haben in der Bibliothek oder im Internet Quellen zu einem bestimmten Thema gesucht und dieses Material auch teilweise gelesen. Sie haben sich auch einen Grundstock von Informationen angeeignet, die Sie jetzt in eine einheitliche schriftliche Form bringen wollen. Vielleicht haben Sie sogar bereits eine mündliche Präsentation zu einem bestimmten Thema hinter sich.

Beim Schreiben einer wissenschaftlichen Arbeit geht es nun darum, dass Sie Ihr Wissen zu einem bestimmten Thema zu einem eigenständigen, reflektierten Werk zusammenstellen. Sie müssen sich schreibend mit einem Thema der Wissenschaft auseinander setzen.

Im folgenden Kapitel zeigen wir Ihnen, welche Wege Sie einschlagen können, um einen wissenschaftlichen Text herzustellen – von der Idee bis zum fertigen Produkt. Dabei geht es einerseits um die »technische« Herangehensweise an eine schriftliche Arbeit, andererseits aber auch um Erkenntniswege in Schreibprojekten. In der Tat lässt sich Schreiben als »Instrumentarium der Gewinnung, Strukturierung und Dokumentation von Wissen« (KRUSE 1999:129) beschreiben.

Durch das Schreiben eines wissenschaftlichen Textes
- gewinnen Sie Wissen hinzu, indem Sie relevante Literatur zum Thema lesen,
- bringen Sie ihr Wissen in eine angemessene und verständliche Form
- und machen es anderen Interessierten zugänglich.

Aufgrund der Dreiteilung in
- Gewinnung von Wissen
- Strukturierung von Wissen
- Dokumentation von Wissen
  können wir den Prozess schematisch folgendermaßen darstellen:

	Lernschritte	Arbeitsschritte	Instrumente	Produkte
Standards wissenschaftlicher Texte	Grundformen des wissenschaftlichen Schreibens	Text- und Aussageformen kennen und anwenden	Übersichtstabellen zu den Grundformen des Schreibens	
	Typen von wissenschaftlichen Arbeiten	Drei Typen von wissenschaftlichen Arbeiten kennen und anwenden	Anleitung zu den drei Standard-Arbeiten der PUK	
	Ansprüche an die Wissenschaftlichkeit	Ansprüche kennen	Tabelle mit Ansprüchen an die Wissenschaftlichkeit	
Schreibprozess vorbereiten	Grundlegende Fragen über eine Arbeit kären	Formalitäten abklären	»to do«-Liste der Formaliäten	
	Thema analysieren	Themenanalyse durchführen in vier Phasen	Checkliste zur Themenanalyse	
Wissen gewinnen	Literaturarbeit	Recherche	siehe Kapitel Literaturrecherche	Literaturliste
		Lesen		
		Texte bearbeiten/auswerrten	siehe Kapitel Lesen	Exzerpte
Wissen strukturieren	Material strukturieren	Material nach Themenschwerpunkten ordnen	Mind Map	Themenschwerpunkte
	Gliederung und Exposé	dem Text eine Form geben	Checkliste Exposé	Exposé
	Aufbau der Arbeit	Elemente der wissenschaftlichen Arbeit kennen und anwenden		Inhaltsverzeichnis
Wissen dokumentieren	Thema darstellten	Schreibblockaden abbauen und mit Schreiben anfangen		Enwurf
	Rohfassung und Endfassung	Rohfassung schreiben und überabeiten Endfassung schreiben		Rohfassung, Endfassung
	Korrekturen: Grammatik, Zitate und Quellen	richige Formulierung anwenden / richtig zitieren		Korrigierte Version der Arbeit

Abbildung 5-1
Der Prozess des wissenschaftlichen Schreibens (Quelle: Eigene Darstellung)

Schreiben als Erkenntnisprozess 133

> **Hinweis**
> Beachten Sie bitte, dass sich die in der Abbildung 5-1 dargestellten Arbeitsschritte und Gliederungselemente der schriftlichen Arbeit in der Umsetzung nicht immer scharf trennen lassen. Daher wird es öfter nötig sein – wie auch bei allen anderen Prozessen in der wissenschaftlichen Arbeit –, dass Sie einen Schritt zurückkehren und einfügen, ergänzen, verbessern.

Die Herstellung wissenschaftlicher Texte ist ein komplexer Prozess. Er erfordert die Kombination mehrerer Arbeitsschritte und Vorgänge gleichzeitig. Deshalb ist es wichtig, dass Sie die einzelnen Arbeitsschritte im Schreibprozess kennen und sie während ihrer Arbeit voneinander trennen können. Wenn Sie eine Vorstellung davon haben, welche Arbeitsschritte zum Erstellen einer schriftlichen wissenschaftlichen Arbeit dazu gehören, dann können Sie den Verlauf bewusst steuern.

5.1.2 Wozu sind wissenschaftliche Texte gut?

Wozu müssen wir uns an der Universität überhaupt die Mühe machen, wissenschaftliche Texte zu verfassen? Wozu sind diese Texte gut, wen interessieren sie überhaupt und wer liest sie? Im Studium hat Schreiben drei Funktionen: Einerseits dient es der Aneignung, andererseits auch der Darstellung von Wissen. Und schließlich kann durch das Sichten, Vergleichen und Strukturieren von Erkenntnissen auch neues Wissen entstehen (vgl. KRUSE 1998:194)

Das Verfassen einer wissenschaftlichen Arbeit ist immer auch ein Teil des Lernens. Es dient dazu, sich mit einem gewählten Thema intensiv auseinander zu setzen, in die Tiefe zu gehen und dem Thema eine übersichtliche Form zu geben.

> **Aktivität 5-1: Zum Sinn von schriftlichen Arbeiten**
> Schauen Sie sich den kurzen Film an, in welchem Prof. Dr. Otfried JARREN, der Institutsleiter des IPMZ, erklärt, weshalb schriftliche Arbeiten in der Wissenschaft wichtig sind.

Literatur

Kruse, Otto (1999): Keine Angst vor dem leeren Blatt. Ohne Schreibblockaden durchs Studium. Frankfurt a. M.: Campus.

Kruse, Otto (Hrsg.) (1998): Handbuch Studieren. Von der Einschreibung bis zum Examen. Frankfurt a. M.: Campus.

5.2 Standards wissenschaftlicher Texte

Seminararbeiten, Forschungsarbeiten, Literaturarbeiten, Hausarbeiten, Protokolle, Berichte – dies ist nur eine unvollständige Aufzählung von wissenschaftlichen Texten, die man als Studierende während des Studiums selbständig verfassen muss. Diese Texte unterscheiden sich grundlegend von anderen Texten, zum Beispiel von einer Reportage in einer Zeitschrift, einer Kurzgeschichte oder einem Roman. Aber welches sind diese Unterschiede?

Im folgenden Abschnitt geht es darum, zu analysieren, welches die wichtigsten Merkmale eines »wissenschaftlichen Textes« sind. Dabei legen wir den Fokus auf zwei Aspekte des wissenschaftlichen Schreibens:

- die Aussagen, die Sie mit einem selbst verfassten wissenschaftlichen Text machen können – also die Frage, welche unterschiedlichen Aussageformen in einem Text möglich sind;
- die Anforderungen, die an einen Text gestellt werden, der die Bezeichnung »wissenschaftlich« verdient. Das heißt auch, zu erkennen, was einen wissenschaftlichen Text von einem »nicht wissenschaftlichen« unterscheidet.

Die Kriterien der Wissenschaftlichkeit sind Ihnen bereits aus den Kapiteln 1 und 3 (»Einführung« und »Literaturrecherche«) bekannt. Dort ging es darum, Texte anderer Autoren zu bewerten. Nun geht es darum, diesen Ansprüchen selbst gerecht zu werden. Die von Ihnen verfassten Texte sollen letztlich denselben Standards genügen.

Aktivität 5-2: Wissens-Check:
Standards wissenschaftlicher Texte
Beantworten Sie in DIGIREP die Fragen zu den Standards wissenschaftlicher Texte.

5.2.1 Aussageformen des wissenschaftlichen Schreibens

Steigen Sie gleich ein in den ersten Lernschritt mit einer Aktivität:

> **Aktivität 5-3: Lesen und Notizen machen**
> Lesen Sie den folgenden Text in DIGIREP. Es handelt sich dabei um einen Auszug aus einer Studie von Peter WEINGART und Petra PANSEGRAU über die Goldhagen-Debatte mit dem Titel »Reputation in der Wissenschaft und Prominenz in den Medien. Die Goldhagen-Debatte« (WEINGART/PANSEGRAU 1998).
> Der US-amerikanische Politologe Daniel Jonah GOLDHAGEN hatte 1996 ein Buch mit dem Titel *Hitlers Willing Executioners: Ordinary Germans and the Holocaust* geschrieben, das später auch in deutscher Sprache unter dem Titel *Hitlers willige Vollstrecker – Ganz gewöhnliche Deutsche und der Holocaust* erschienen ist (GOLDHAGEN 1996). GOLDHAGEN stellt darin die These auf, dass viele der bisherigen Annahmen über die Holocaust-Verbrecher falsch sind. Seiner Forschung zufolge waren es nicht hauptsächlich SS-Leute oder Mitglieder der NSDAP, welche die Juden verfolgten und umbrachten, sondern ganz normale Deutsche. Der Antisemitismus war laut Goldhagen schon vor Hitlers Machtergreifung in der deutschen Bevölkerung tief verwurzelt, genauso wie der Wunsch, die Juden aus der deutschen Gesellschaft auszustoßen.
> Dieses Buch hat nach seinem Erscheinen 1996 ein großes Echo ausgelöst: Einerseits wurde es in den deutschen Medien ausführlich diskutiert, andererseits wurde es von Historikern teilweise scharf kritisiert. WEINGART und PANSEGRAU analysieren in ihrer Fallstudie, wie die *Goldhagen-Debatte* in Deutschland in den Medien einerseits und in der Wissenschaft andererseits geführt wurde. Dabei beobachten sie eine Differenz zwischen der Bewertung der Studie durch die Medien und durch die Wissenschaft.
> Lesen Sie den Text ein erstes Mal durch. Streichen Sie sich besonders wichtige Passagen an und machen Sie sich einige Notizen zum Inhalt. Kehren Sie dann wieder zum Inhalt des Kapitels zurück.

5.2.2 Die Grundformen des wissenschaftlichen Schreibens

In der Wissenschaft werden die verschiedensten unterschiedlichsten Formen des Schreibens angewendet. Teilweise unterscheiden sich diese Formen nicht oder nur wenig von alltäglichen Textarten. (So kann ein Tagebucheintrag ebenso eine Beschreibung sein, wie ein Protokoll oder ein Exzerpt.) Die Besonderheit einer wissenschaftlichen Arbeit besteht jedoch darin, dass sie oft gleichzeitig mehrere Textformen vereint. Um ein Themengebiet zu erkunden und zu erschließen, benötigen Sie unterschiedliche Formen des Schreibens. Sie müssen

- beschreiben,
- zusammenfassen,
- vergleichen,
- analysieren,
- argumentieren und
- werten.

Damit Sie diese unterschiedlichen Formen des Schreibens anwenden können, sollten Sie diese erst einmal kennen lernen:

Tabelle 5-1 Grundformen des Schreibens (nach Kruse 1999:130)

Bezeichnung	Form	Textmuster
Beschreiben	Darstellen eines beobachteten, wahrgenommenen Sachverhaltes, Ereignisses, Erlebnisses	Protokoll, Schilderung, Exzerpt, Bericht
Zusammentragen, Kompilieren	Sammeln und Zusammenstellen von Daten, Informationen, Aussagen, Literaturdarstellungen, etc.	Sammelreferat, Literaturbericht, Übersichtsarbeit, Dokumentation
Vergleichen und Kontrastieren	Gegenüberstellungen von Ereignissen, Objekten, Sachverhalten; Beschreibung von Ähnlichkeiten und Unterschieden	Textvergleich, Kulturvergleich
Systematisieren	Herstellen von Ordnungen und Systematiken	Systematik, Klassifikation, Lehrbuch

Standards wissenschaftlicher Texte

Analysieren	»Zergliedern« eines Gegenstandes in seine abstrakten Bezüge und Eigenschaften	Abhandlung, Analyse, Reflexion, Betrachtung
Modell / Theorie konstruieren	Postulieren allgemeiner Zusammenhänge und Funktionsweisen	Axiomatisches Modell, Theorie, Thesenpapier
Interpretieren	Ergründen der Bedeutung eines Textes oder Werkes	Interpretation, Exegese, Auslegung
Argumentieren	Gegeneinanderhalten und Abwägen unterschiedlicher Positionen und wissenschaftlicher Ideen	Erörterung, Essay, Plädoyer, Streitschrift, Flugblatt, Polemik
Bewerten	Bewertung eines Sachverhaltes nach definierten Werten oder Kriterien	Gutachten, Bericht, Evaluation, Rechtfertigungsschrift
Vorschreiben	Aufforderung und Regeln zu nachvollziehbaren Handlungsanleitungen oder methodischen Vorschriften zusammenfügen	Bedienungsanleitung, Gesetzestext, Methode, Handlungsmanual

Aktivität 5-4: Fragen zum gelesenen Text
Versuchen Sie nun, wiederum anhand des Textes von WEINGART/PANSEGRAU über die *Goldhagen-Debatte*, die folgenden Fragen für sich auf einem Blatt Papier zu beantworten. Überprüfen Sie anschließend ihre Antworten in DIGIREP.

- Was beschreiben die beiden Autoren in ihrem Text?
- Welches sind die offensichtlichsten Elemente, die im Text von WEINGART/PANSEGRAU zusammengetragen wurden?
- Was wird in der Studie analysiert?
- Wie argumentieren die beiden Autoren?
- Wo gibt es Hinweise auf eine Bewertung von WEINGART/PANSEGRAU?

Durch das Lesen des Textes und die Beantwortung der Fragen haben Sie gesehen, dass unterschiedliche Aussageformen des Schreibens – in diesem Falle das Beschreiben, das Kompilieren, das Analysieren, das Argumentieren und das Bewerten – in einem wissenschaftlichen Text gleichzeitig nebeneinander enthalten sein können.

Die unterschiedlichen Formen des Schreibens verweisen auf die Absicht, die ein Autor, eine Autorin mit einem Text verfolgt. Das heißt, dass es immer darauf ankommt, was Sie mit einem wissenschaftlichen Text erreichen wollen und wozu er dienen soll. Sie müssen deshalb darauf achten, dass Sie die »richtigen« Grundformen des Schreibens anwenden – je nach Ausrichtung Ihrer Arbeit. Auch sollten Sie bedenken, dass die einzelnen Grundformen meistens nicht alleine vorkommen, sondern – wie beim Text von WEINGART/PANSEGRAU – mehrere verschiedene Grundformen nebeneinander stehen und sich ergänzen.

Es kann durchaus auch sein, dass sich einige der oben genannten Grundformen des wissenschaftlichen Schreibens für ein Thema oder eine bestimmte Fragestellung und für den Typ der vorgesehenen Arbeit nicht eignen.

5.2.3 Die unterschiedlichen Typen von wissenschaftlichen Arbeiten

In der Wissenschaft begegnen Sie den unterschiedlichsten Typen von schriftlichen Werken. Wir wollen uns hier auf die drei zentralen Typen von wissenschaftlichen Arbeiten beschränken, die in den Sozialwissenschaften, insbesondere in der Publizistik- und Kommunikationswissenschaft, einen hohen Stellenwert haben:

Literaturarbeit
Eine Literaturarbeit befasst sich in erster Linie mit der wissenschaftlichen Literatur zu einem bestimmten Thema. Es kann sich dabei um die Darstellung, Gegenüberstellung und kritische Würdigung von Beiträgen in der Literatur zu einer bestimmten Fragestellung handeln. Die Beschreibung, die Kompilation (Zusammenstellung), der Vergleich, die Systematik oder die Analyse sind die wichtigsten Grundformen des Schreibens in einer Literaturarbeit.

Empirische Arbeit
In einer empirischen Arbeit werden anhand einer konkreten Fragestellung Daten erhoben, überprüft und interpretiert. Die Daten werden zuerst gesammelt und geordnet. Sie können durch Umfragen, Interviews oder Experimente erhoben werden. Natürlich darf bei einer empirischen Arbeit die theoretische Einbettung des Themas und

Standards wissenschaftlicher Texte

der Stand der Forschung zum Untersuchungsgegenstand nicht fehlen. Außerdem müssen im Voraus Annahmen (Hypothesen) über den untersuchten Gegenstand formuliert werden, damit die Daten an diesen Hypothesen überprüft werden können. Ein weiteres wichtiges Element einer empirischen Arbeit ist die Methode: Es muss für die Leser klar erkennbar dargelegt werden, wie der Verfasser oder die Verfasserin zu ihren Daten gekommen ist, wie er oder sie die Daten erhoben hat. Dazu gehören Angaben zur Konzeption der Art und der Durchführung der empirischen Erhebung. Die empirischen Ergebnisse werden schließlich anhand der Fragestellung der Arbeit und/oder der Hypothesen interpretiert.

Theoriearbeit
Eine theoretische Arbeit enthält theoretische Überlegungen zu einer Fragestellung. Bei theoretischen Arbeiten steht die Auseinandersetzung mit wissenschaftlichen Theorien im Vordergrund.

Eine theoretische Arbeit kann unterschiedliche Formen aufweisen:
- Theorievergleich: In einem Theorievergleich werden unterschiedliche theoretische Ansätze einander gegenübergestellt, verglichen, gewichtet und bewertet
- These – Antithese – Synthese: Das Modell These – Antithese – Synthese beinhaltet die Darstellung einer Theorie und die Gegenüberstellung einer zweiten (eventuell einer eigenen) Theorie. Daraus folgt die Synthese einer neuen, verbesserten Theorie.
- Systematik: In einer Systematik wird eine Theorie in einen übergeordneten Zusammenhang (z. B. in eine Chronologie von Theorien) eingegliedert.

Mehr zu den Theorien erfahren Sie in Kapitel 2 (»Themen und Theorien«).

> **Hinweis**
> Bevor Sie mit dem Schreiben beginnen, sollten Sie möglichst genau abzuklären, welche Art von Arbeit von Ihnen verlangt wird oder welche Art von Arbeit Sie schreiben möchten. Denken Sie jedoch auch daran, dass nicht jedes Thema gleich behandelt werden kann: Es gibt Themen, die sich besser eignen für eine

> Literaturarbeit, und andere, die sich nur empirisch bearbeiten lassen. Wichtig ist, dass Sie es nicht offen lassen, welche Art von Arbeit Sie schreiben werden, sondern dies von vornherein – bzw. wenn Sie Ihr Thema gewählt haben – definieren.

5.2.4 Ansprüche an die Wissenschaftlichkeit

Das Verfassen eines wissenschaftlichen Textes erfordert Kenntnisse über:
- die Grundformen des Schreibens: Beschreiben, Kompilieren, Analysieren, Argumentieren und Bewerten;
- die Typen von wissenschaftlichem Arbeiten: Literaturarbeit, Empirische Arbeit, Theoriearbeit;
- die Kriterien der Wissenschaftlichkeit: Objektivität, Reliabilität und Validität, Vollständigkeit, Eindeutigkeit, Systematik und Formalia.

Im Folgenden geht es um diese fünf Kriterien der Wissenschaftlichkeit:

Objektivität
Objektivität wird hier im Sinne von *Intersubjektivität* verstanden. Das heißt: Sämtliche Aussagen und die Art und Weise, wie sie zustande gekommen sind, müssen in allen Schritten für Dritte nachvollziehbar sein (vgl. PÜRER 2003: 551). Dies erfordert eine genaue Darstellung des Gegenstandes, der Methoden und der daraus entstehenden Resultate.

Reliabilität und Validität
Reliabilität und *Validität* betreffen die Ansprüche an die Methoden, das heißt, die Methoden müssen zuverlässig *(reliabel)* und gültig *(valide)* sein. In diesem Sinne knüpft der Anspruch auf Reliabilität und Validität an die oben genannte Objektivität an: Unter Validität versteht man den Anspruch einer Forschungstechnik, tatsächlich das zu messen oder zu erfassen, was gemessen oder erfasst werden soll. Unter Reliabilität wird die Fähigkeit eines Instrumentes bezeichnet, unter gleichen Zuordnungsbedingungen auf das gleiche Untersuchungsmaterial ein identisches Untersuchungsergebnis hervorzubringen (vgl. PÜRER 2003:557).

> **Tipps zur Objektivität, Reliabilität und Validität**
> Achten Sie darauf, dass Ihre Darstellung eines Problems oder einer Argumentation immer logisch nachvollziehbar bleibt.
> Bleiben Sie – wenn Sie einmal ein Thema, eine Fragestellung oder eine These gewählt haben – bei der ursprünglichen Formulierung und beantworten Sie die Fragen, die Sie sich am Anfang gestellt haben.
> Vermeiden Sie Umwege und Abweichungen, die in eine andere Richtung gehen als von Ihnen geplant. Dies erleichtert auch Ihnen die Arbeit am Thema.
> Versuchen Sie, das, was Sie messen oder untersuchen, exakt zu erfassen.

Vollständigkeit

Informationen, die für das Verständnis des Textes unerlässlich sind, müssen vollständig und explizit erwähnt werden. Dieses Kriterium muss sowohl für die Inhalte wie auch für die Struktur gelten.

Unter den Anspruch der Vollständigkeit fällt auch das, was man die »intellektuelle Redlichkeit« nennt: Als Verfasserin oder Verfasser eines wissenschaftlichen Textes sind Sie verpflichtet, immer anzugeben, woher Sie die Ergebnisse, Argumente, Gedanken, Formulierungen, etc. bezogen haben – sofern diese nicht von Ihnen selbst stammen. Dies betrifft vor allem Zitate und Ideen, die Sie von anderen Autoren übernehmen. Die richtige Quellenangabe ist deshalb eine wichtige Voraussetzung für das wissenschaftliche Arbeiten. Mehr über das Zitieren von Quellen erfahren Sie im Abschnitt 5.6, »Richtig zitieren«.

> **Hinweis**
> Auch bei geistigem Eigentum ist Diebstahl verboten!
> Wenn ein Text die erklärten Ansprüche an die intellektuelle Redlichkeit nicht erfüllt, spricht man von einem Plagiat – was so viel bedeutet wie »Diebstahl geistigen Eigentums«.
> Entdeckt Ihr Dozent in Ihrer Arbeit solche intellektuellen Unredlichkeiten, so hat dies in jedem Fall Konsequenzen für Sie, die von einer ungenügenden Note bis zum Ausschluss vom Studium reichen können. Beachten Sie deshalb folgende Hinweise:
> Seien Sie konsequent bei der Markierung und Beschreibung von Zitaten und versuchen Sie nicht, fremde Gedanken als Ihre ei-

> genen auszugeben – irgendjemand merkt es immer, wenn Sie abgeschrieben haben.
>
> Seien sie auch vorsichtig mit der Behauptung, einen eigenen Gedanken niedergeschrieben zu haben. Denn: Es kommt laut MAIER-RABLER »immer wieder vor, dass manche der eigenen, für neu gehaltenen Gedanken schon zuvor von anderen gedacht wurden, ohne dass man davon Kenntnis hat. In diesem Sinne ist Literatursuche als Suche nach Autoren zu bezeichnen, die eine Idee schon vorher hatten« (MAIER-RABLER u. a. 1995:34ff.)

Eindeutigkeit
Wissenschaftliche Texte müssen so verfasst sein, dass es keine Möglichkeit gibt, eine Aussage auf unterschiedliche Weisen zu interpretieren.

Systematik und Formalia
Wissenschaftliche Texte müssen eine Systematik aufweisen, im Sinne eines »roten Fadens«, der sich durch die ganze Arbeit hindurchzieht. Dazu gehören eine klare und saubere Gliederung und ein aussagekräftiges Inhalts- und Literaturverzeichnis. Auch die korrekte Anwendung der Orthografie, der Zeichensetzung, der Grammatik und der Gestaltung sind ein Muss in einer schriftlichen Arbeit.

In wissenschaftlichen Texten werden Fachausdrücke verwendet, welche die Erkenntnisse und Ergebnisse in einer eindeutigen und klaren Wissenschaftssprache dokumentieren. Ungenaue, mehrdeutige umgangssprachliche Stilistik wird so vermieden.

Die Fachsprache mag manchen langatmig und wenig bilderreich erscheinen. Dennoch ist es unerlässlich, dass Sie diese Fachsprache verwenden. Das heißt nicht, dass Ihr Text zwangsläufig langweilig oder gar unverständlich sein muss, sondern Sie ermöglichen dadurch insbesondere für fachkundige Leser einen direkten Zugang zu ihren spezifischen Aussagen (vgl. MAIER-RABLER u. a. 1995:37).

Was bedeutet dies für Ihre schriftliche Arbeit?

> Tipps zu Systematik und Formalia
> - Kontrollieren Sie Orthografie und Grammatik und verwenden Sie Lexika.
> - Verwenden Sie die einmal gewählte Schreibweise konsequent.

Standards wissenschaftlicher Texte

- Versuchen Sie, im Rahmen Ihres Themas sich die dazugehörige Fachsprache anzueignen.
- Verwenden Sie die Fachsprache richtig, aber nicht »inflationär« (Fachsprache heißt nicht, nur mit Fremdwörtern zu arbeiten). Verwenden Sie eine sachliche Sprache und keine wertenden Begriffe. Zur Anwendung der Fachsprache und zu korrekten Formulierungen erfahren Sie mehr im Abschnitt 5.6, »Richtig zitieren«, und 5.7, »Richtig formulieren«.

In der nachfolgenden Tabelle 5-2 sind einige Fragen aufgeführt, die Ihnen helfen sollen, die Kriterien der Wissenschaftlichkeit in Ihrem Text – zu einem späteren Zeitpunkt – zu prüfen:

Kriterium	Fragen an sich selbst
Objektivität	• Sind die Resultate der Forschung überprüfbar? • Ist das Verfahren (die Methode) nachvollziehbar?
Reliabilität und Validität	• Sind die Methoden konsequent angewendet worden? • Wird das Ziel verfolgt, das eingangs mit der Fragestellung gesetzt wurde? • Wird das untersucht, was vorgegeben wurde? (Validität) • Ist das gewählte Verfahren für die Messung der Daten zuverlässig? (Reliabilität)
Vollständigkeit	• Ist der Text vollständig? • Fehlen bestimmte Elemente? • Wurde das Wichtigste angekündigt (Einleitung)? • Wurde das, was angekündigt worden ist, auch behandelt? • Sind die herangezogenen Quellen vollständig nachgewiesen und sauber zitiert (Plagiat)?
Eindeutigkeit	• Sind die Resultate eindeutig? • Sind die gemachten Aussagen eindeutig und verständlich?
Systematik und Formalia	• Stimmt der Aufbau der Arbeit? • Stimmt die äußere Form des Textes mit dem Inhalt überein? • Sind die einzelnen Elemente logisch angeordnet (Inhaltsverzeichnis)? • Ist klar erkennbar, was der Text aussagen soll? • Ist die Sprache deutlich und klar verständlich (Wissenschaftssprache)?

Tabelle 5-2
Ansprüche an die Wissenschaftlichkeit

Aktivität 5-5: Wissenschaftliche Unzulänglichkeit
Lesen Sie den Text von WEINGART/PANSEGRAU ein weiteres Mal durch, und versuchen Sie, diejenigen Stellen ausfindig zu machen, in denen GOLDHAGEN wissenschaftliche Unzulänglichkeit vorgeworfen wird. Warum wird dem Wissenschafter GOLDHAGEN dies vorgeworfen?
Welchen Ansprüchen der Wissenschaftlichkeit wird GOLDHAGEN nach Ansicht der zitierten Wissenschafter nicht gerecht?

Aktivität 5-6: Wissens-Check zu Kriterien der Wissenschaftlichkeit

In DIGIREP finden Sie einen kurzen Wissens-Check zu Kriterien der Wissenschaftlichkeit.

Literatur
GOLDHAGEN, Daniel Jonah (1996): Hitlers willige Vollstrecker – Ganz gewöhnliche Deutsche und der Holocaust. Berlin: Siedler.
MAIER-RABLER, Ursula et al. (1995): Einführung in das kommunikationswissenschaftliche Arbeiten. 3. Auflage. München: Heller.
PÜRER, Heinz (2003): Publizistik- und Kommunikationswissenschaft. Ein Handbuch. Konstanz: UVK (UTB).
WEINGART, Peter/PANSEGRAU, Petra (1998): Reputation in der Wissenschaft und Prominenz in den Medien. Die Goldhagen-Debatte. In: Rundfunk und Fernsehen, 46. Jahrgang, 2–3.

5.3 Schreibprozess vorbereiten

Vorbereitung: Fragen klären
Nun geht es um die aktive Anwendung: Sie erarbeiten Ihren eigenen Text. Wie in jedem Arbeitsbereich gibt es auch hier bewährte Abläufe. Das ist praktisch, denn es bedeutet, dass Sie nichts neu zu erfinden brauchen. Halten Sie sich einfach an die Empfehlungen der Berufszunft.

Die Formalia einer schriftlichen Arbeit
Klären Sie *vor Beginn* Ihrer Arbeit gewisse Dinge wie:
- die Abgabetermine (für Zwischenergebnisse, z. B. Exposé, Literaturliste, und für die Schlussversion),

Schreibprozess vorbereiten

- der Umfang,
- der (genaue) Wortlaut des Themas,
- der Qualitätsanspruch einer wissenschaftlichen Arbeit.

Es wäre zu schade um Ihre ganze Mühe, wenn sich am Schluss herausstellte, dass Sie den Termin verpasst haben. Oder dass die Aufgabe ganz anders gemeint war. Tauschen Sie sich mit anderen Studierenden aus. Klären Sie offene Fragen früh genug. Eine Zusammenstellung solcher Fragen finden Sie in Tabelle 5-3.

Und in der folgenden Aktivität geht es um diese nicht zu vernachlässigenden Kleinigkeiten.

Termine Wann können Sie frühestens mit der Arbeit anfangen, bzw. wann müssen Sie spätestens fertig sein und abgeben?	Klären Sie dies mit ihren Dozentinnen/Dozenten oder mit Ihren Betreuerinnen / Betreuern ab. Überlegen Sie sich, wann Sie ihre Arbeit wo ausdrucken können und – sofern dies nötig ist – binden lassen können, sodass Sie nicht in den letzten Stunden vor der Abgabe unter Zeitdruck geraten. Ratsam ist es deshalb, die fertige (!) Arbeit einen Tag vor dem endgültigen Abgabetermin auszudrucken, zu kontrollieren und sie dann binden zu lassen.	**Tabelle 5-3** Vorbereitungsfragen für wissenschaftliche Arbeiten (Quelle: In Anlehnung an Hunziker 2002:28f.)
Startformalitäten Welche Voraussetzungen müssen Sie für die Zulassung erfüllen? Wo und wann müssen Sie sich anmelden? Welche Dokumente müssen Sie mitbringen?	Für Arbeiten, die Sie im normalen Turnus des Semesters schreiben (Hausarbeiten, Seminararbeiten, Theoriearbeiten etc.) müssen Sie sich normalerweise nicht anmelden. Die Zulassung erarbeiten Sie sich meistens durch Ihre Beteiligung am Seminar und durch die dort gestellten und von Ihnen erfüllten Anforderungen (z. B. durch ein Referat). Klären Sie dies im Zweifelsfall mit dem Dozenten/der Dozentin ab. Anders ist dies bei Abschlussarbeiten wie Lizentiats- oder Diplomarbeiten: An den meisten Universitäten müssen Sie bestimmte Voraussetzungen für die Zulassung erfüllen. Außerdem müssen Sie sich bis zu einem bestimmten Zeitpunkt verbindlich und korrekt mit allen benötigten Unterlagen anmelden.	
Themenwahl Dürfen Sie Ihr Thema selbst wählen oder wird es Ihnen vorgegeben?	Wenn Sie an einem Seminar teilgenommen haben oder eine Einführungsvorlesung besucht haben, stehen die Themenbereiche für die schriftlichen Arbeiten meist schon fest. Das heißt nicht, dass Ihnen der genaue Wortlaut des Themas und die exakte Fragestellung vorgegeben werden. Achten Sie deshalb darauf, dass Sie sich mit Ihrer Arbeit im Rahmen des Seminarthemas bewegen. In jedem Fall ist es ratsam, mit einer Betreuungsperson über die Themenwahl zu sprechen. Bei der Lizentiats-, Diplom- oder Magisterarbeit sind Sie in den meisten Fällen frei bei der Themenwahl.	

Fortsetzung der Tabelle auf der folgenden Seite

Qualitätsanspruch Wie sieht eine gute Arbeit aus? Nach welchem Bewertungsschema wird die Arbeit beurteilt?	Um sich ein Bild davon machen zu können, wie eine Arbeit bewertet wird, sollten Sie sich an Ihrer Fakultät informieren und – sofern einer vorhanden ist – einen Beurteilungsraster verlangen. Auch hier ist es auf jeden Fall empfehlenswert, sich mit der Professorin/dem Professor oder der entsprechenden Betreuungsperson zu unterhalten.
Betreuung und Korrektur Wer wird Ihre Arbeit korrigieren und benoten? Wer wird Sie während der Arbeit betreuen? In welcher Form und in welchem Umfang können Sie diese Betreuung in Anspruch nehmen?	Wenn Sie im Rahmen eines Seminars eine Arbeit schreiben, kennen Sie Ihre Betreuer meist im Voraus. Auch bei der Lizentiats- oder Diplomarbeit werden Sie schon früh wissen, wer Ihr Betreuer / Ihre Betreuerin ist oder als solcher / solche in Frage kommt. An der Universität müssen Sie sich, was die Betreuung angeht, auf Eigenständigkeit und Engagement einstellen: Ihre Betreuungsperson wird selten oder nie auf Sie zukommen und sich ständig um Sie kümmern wollen. Der Impuls für ein Gespräch mit Ihrem Professor/Ihrer Professorin in der Sprechstunde muss von Ihnen kommen. Wenn Fragen oder Probleme auftauchen, müssen Sie mit diesen auf die Lehrpersonen zugehen – es wird Sie kaum jemand fragen, ob Sie über ein bestimmtes Problem sprechen möchten. Außerdem ist die Zeit der Professoren für die Betreuung ihrer Studierenden meist stark beschränkt. Daher können Sie nicht mit allzu viel Betreuung rechnen und Sie werden sich auf die im Voraus abgemachten Termine beschränken müssen.
Formalitäten des Endprodukts Was muss wie auf dem Titelblatt stehen?	Um abzuklären, wie das Endprodukt bei einer schriftlichen Arbeit aussehen soll, informieren Sie sich wiederum am besten in Ihrer Fakultät oder in Ihrem Institut. Vielfach werden Merkblätter angeboten, die genaue Angaben enthalten zu den äußeren Formen, welcher eine schriftliche Arbeit entsprechen muss. Dazu gehören Vorschriften über die Darstellung der Arbeit, Angaben über den Schrifttyp, die Schriftgröße, Zeilenabstand, Randbreite, usw. Außerdem werden meist auch bestimmte Zitierregeln genannt. Hinzu kommen Angaben über die (maximale/minimale) Länge, über die Kopienanzahl, die Sie einreichen müssen, und über die Form (gebunden, geheftet usw.), in der Sie die Arbeit abgeben sollten.

Aktivität 5-7: Häufige Fehler bei wissenschaftlichen Arbeiten
Wir haben Prof. Dr. JARREN vom IPMZ die Frage gestellt, welches die häufigsten Fehler sind, die ihm als Betreuer bei der Korrektur von schriftlichen wissenschaftlichen Arbeiten begegnen. Sehen Sie sich in DIGIREP das Interview an.

Material strukturieren

> Für die weitere Arbeit in diesem Kapitel ist es von großem Vorteil, wenn Sie bereits ein konkretes Thema oder eine Fragestellung für eine schriftliche Arbeit haben. Falls Sie auf der Suche nach einem Thema oder einer Fragestellung sind, empfehlen wir Ihnen Kapitel 2 (»Themen und Theorien«).

5.4 Material strukturieren

5.4.1 Material strukturieren

Als Erstes müssen die gelesene Texte bzw. die Informationen und Erkenntnisse daraus strukturiert werden, damit sie für Ihre Arbeit verwertbar werden. KRUSE (1999) rät, dies in zwei Schritten zu tun:
- Ordnungen finden
- Beziehungen zwischen den Elementen herstellen

Ordnungen finden
Kruse betont, dass das Auffinden von Ordnungen ein wesentliches Element beim Schreiben von wissenschaftlichen Arbeiten darstellt: »Je nachdem, welche Art von Projekt Sie verfolgen, müssen Sie Ordnungen in Argumenten, in gelesenem Material, in empirischen Daten, in den Auswertungen Ihrer Quellen, in Ihrer eigenen Erfahrung oder in den Erfahrungen mit einer praktischen Anwendung finden. […] Wenn Sie Ordnung schaffen wollen, müssen Sie zunächst alle Elemente, die in Ihren Darstellungs- und Erklärungszusammenhang gehören, explizieren« (KRUSE 1999:220f.).

Erstellen Sie also eine Liste mit allen Elementen wie
- Argumente
- Quellen
- Daten
- wichtige Begriffe zu Ihrem Thema

Versuchen Sie, eine logische Ordnung in Ihre Liste zu bringen.

Beziehungen zwischen den Elementen finden
»Ein zweiter Schritt besteht darin, Beziehungen zwischen den Elementen herzustellen« (KRUSE 1999:221).

In der Liste mit den Begriffen und Daten müssen Sie nun Beziehungen ausfindig machen. Eine mögliche Methode, um diesen Schritt zu bewältigen, ist das *Mindmap*, das auch KRUSE empfiehlt. Es besteht auch die Möglichkeit, die Beziehungen in einer logischen Abfolge darzustellen. Die Arbeitsschritte für das Erstellen eines Mindmaps oder einer anderen Strukturierung sind die folgenden:

Mindmap	andere Strukturierung
Formulieren Sie das Zentrum Ihres Ansatzes (was Sie erklären oder strukturieren wollen).	
Arrangieren Sie die Elemente um diesen Kern herum.	Bringen Sie die Elemente in eine logischen Abfolge.
Verbinden Sie die Elemente mit Linien, die die jeweiligen Beziehungen zwischen Ihnen markieren.	Suchen Sie Verbindungen zwischen den Elementen und dem Ausgangspunkt und formulieren Sie Ihre Gedanken kurz zu jedem Punkt.
Vorteile: Viele Details sind in einem strukturellen (und visuellen) Zusammenhang integriert, neue Elemente können jederzeit integriert werden. Nachteil: Aus einem Mindmap muss zuerst noch eine Gliederung erstellt werden.	Vorteil: Die Aufstellung kommt während des Bearbeitens immer näher an eine Gliederung heran. Nachteile: Der visuelle Überblick fehlt, Elemente können nur beschränkt ergänzt werden.

Gliederung und Exposé erstellen
»Ein Mindmap ist eine günstige Grundlage für eine Gliederung, da in ihm über- und untergeordnete Gesichtspunkte bereits hierarchisch geordnet sind« (KRUSE 1999:221).

Nachdem Sie Ihr Mindmap oder ihre Strukturierung des Themas erstellt haben, müssen Sie eine konkrete Gliederung für Ihr Thema erstellen, das heißt, Sie müssen Ihr »Gedankennetz« in eine lineare und logisch begründbare Abfolge bringen. Häufig werden die Gliederungspunkte durchnummeriert, also nach dem Schema:
1
1.1
1.2

2
2.1
2.1.1
2.1.2
usw.

Die Gliederung Ihrer Arbeit kann sich beim weiteren Bearbeiten des Themas mehrmals verändern. Zu diesem Punkt sagt FRANCK in seinem Ratgeber *Fit fürs Studium:* »Ausschlaggebend ist: Sie verändern Ihre Gliederung und Einleitung und werden nicht von der Literatur gesteuert oder durch Erkenntniszuwachs so sehr irritiert, dass Sie Ihr Material nicht mehr strukturieren können« (FRANCK 1999:79).

Die Gliederung, die Sie sich erarbeiten, ist wiederum eine wichtige Voraussetzung für einen weiteren Schritt auf dem Weg zu einer schriftlichen Arbeit: dem Exposé.

Ein Exposé ist eine Kurzbeschreibung der geplanten Arbeit und hat unter anderem Vorzeigecharakter: Das Exposé formuliert die Struktur Ihrer Arbeit aus und fasst sie zusammen. Mit dem Exposé gehen Sie aber auch zu Ihrem Dozenten/Ihrer Dozentin und zeigen ihm/ihr, was Sie als Vorarbeit zu Ihrer schriftlichen Arbeit geleistet haben.

Funktion und Aufbau des Exposés

Anhand eines Exposés kann Ihnen jemand anderes (ein Studienkolleg oder eine Kollegin, eine Fachperson oder Ihre Betreuungsperson) ein Feedback zu der bereits geleisteten Arbeit geben. Dies kann sehr wichtig sein: Es besteht immer die Gefahr, dass der eigene Blickwinkel sich mit der Zeit etwas »verengt«. Deshalb ist es immer gut und sogar notwendig, dass Sie Ihre Arbeitsschritte mit »anderen Augen« ansehen und kritisieren lassen.

Ein Exposé soll zuerst einmal Auskunft geben über den Arbeitstitel. Die Fragestellung des Themas sollte dabei möglichst deutlich zum Ausdruck kommen. Das Exposé muss außerdem eine vorläufige Gliederung und eine vorläufige Einleitung enthalten. Anhand der Checkliste in Tabelle 5-4 können Sie kontrollieren, ob Ihr Exposé vollständig ist.

Tabelle 5-4
Checkliste zum
Exposé

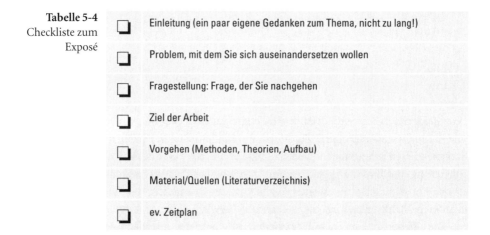

Versuchen Sie, einen zusammenhängenden Text zu formulieren, indem Sie eine kurze Einleitung schreiben und dann Punkt für Punkt die Checkliste durchgehen. Kreuzen Sie in der Liste an, was in Ihrem Exposé enthalten ist – die Reihenfolge müssen Sie nicht unbedingt einhalten. Das gesamte Exposé sollte nicht länger als zwei Seiten sein.

Dieses Exposé können Sie Ihrer Betreuungsperson am Institut oder an der Fakultät zeigen. Bereiten Sie ein paar Argumente zu Ihrer Arbeit vor. Wenn Ihr Professor/Ihre Professorin mit Ihrem Exposé nicht einverstanden ist, sollten Sie dies als *konstruktive Kritik* auffassen und versuchen, die neuen Ideen und Kritikpunkte aufzunehmen. Falls Sie das Gefühl haben, dass Ihre Professorin Unrecht hatte, versuchen Sie mit Gegenargumenten Ihre Position zu verteidigen. Ratsam ist es sicherlich, einige der Kritikpunkte Ihrer Betreuungsperson in Ihre Arbeit einfließen zu lassen – Sie müssen jedoch bei Weitem nicht alles übernehmen!

Der Aufbau einer wissenschaftlichen Arbeit
Eine schriftliche Arbeit in der Wissenschaft hat einen idealtypischen Aufbau. Bestimmt kennen Sie das Grundschema, das für praktisch alle schriftlichen Arbeiten in der Wissenschaft gilt. Sie sind sicherlich gut beraten, wenn Sie sich an dieses Schema halten – innerhalb des groben Schemas sind jedoch Variationen möglich.

Material strukturieren

5.4.2 Die Elemente der wissenschaftlichen Arbeit

Die Einleitung

Die Einleitung soll zum Lesen einladen. Geben Sie dem Leser oder der Leserin Ihrer Arbeit einen Anreiz, wecken Sie Interesse. Die Funktion der Einleitung liegt darin, den Gegenstand Ihrer Arbeit zu skizzieren.

Die Einleitung soll zudem einen Überblick über die Arbeit geben. Sie ist eine erste kurze Erklärung von deren Inhalten. Die Problemstellung Ihrer Arbeit und Ihr persönliches Erkenntnisinteresse sollen beschrieben werden. Die Leserinnen und Leser sollen eine kurze Übersicht über Ihre Überlegungen, die Voraussetzungen für Ihre Arbeit, die zentrale Fragestellung und die Argumentation bekommen. Vergessen Sie nicht, in der Einleitung zu erläutern, wie Sie als Verfasserin oder Verfasser das Thema bearbeiten und die Arbeit aufbauen. Die Einleitung ist ein Einblick in die Arbeit – sie sollte sich deshalb auf das Gesamte beziehen. Eine Einleitung kann außerdem erste grobe Begriffsklärungen enthalten und Probleme aufzeigen, die sich bei der Bearbeitung des Themas ergeben. Eine umfassende Begriffsklärung oder eine vertiefte Erörterung der angewandten Theorien erfolgt jedoch erst im Hauptteil.

In die Einleitung gehören keine Dankesreden und nichts, was nicht unmittelbar mit dem Thema zu tun hat!

Funktion und Inhalt der Einleitung sind für fast jede Form der schriftlichen wissenschaftlichen Arbeit gültig.

Der Hauptteil

Die Struktur und der Aufbau des Hauptteils können – je nach Typ der Arbeit, Anwendung der Theorie und Methoden – stark variieren. Die Struktur des Hauptteils hängt von der Art Ihrer Arbeit ab (siehe Abschnitt 5.2.3 »Die unterschiedlichen Typen von wissenschaftlichen Arbeiten«).

Der Hauptteil ist der Kern des Ganzen. Wichtig ist, dass dieser längste Teil des Texts in sich gut gegliedert ist: Der Hauptteil sollte also in Kapitel unterteilt werden. Diese einzelnen Abschnitte müssen sinnvoll, aber nicht künstlich miteinander verbunden werden. Ihre Gedankengänge sollten außerdem für den Leser oder die Leserin nachvollziehbar sein – achten Sie deshalb auf eine stringente Argumentationsweise und eine logische Folge der einzelnen Teile.

Für Arbeiten, für die mit Methoden der empirischen Sozialforschung eigene Daten erhoben werden, bietet sich folgende Gliederung an:
- *Theorie, Stand der Forschung, Hypothesen:* Hier werden die theoretische Einbettung des Themas und der Stand der empirischen Forschung zum Untersuchungsgegenstand dargestellt. Auf dieser Grundlage werden anschließend die Hypothesen formuliert und erläutert.
- *Methode:* Hier werden detaillierte Angaben zu der Konzeption, der Art und der Durchführung der empirischen Erhebung gemacht. Dazu gehören insbesondere Angaben zur Grundgesamtheit und Stichprobe, zu den eingesetzten Erhebungsinstrumenten und -techniken und den verwendeten statistischen Verfahren und Kennwerten.
- *Auswertung und Resultate:* Die Ergebnisse der Untersuchung werden hier in der Regel gemäß der Reihenfolge der Hypothesen dargestellt; eine weiter reichende Diskussion der Daten und ihre Interpretation in Bezug auf die Forschungsfrage und die Hypothesen erfolgt hier noch nicht.
- *Interpretation:* Im Rahmen der Interpretation der Daten wird dargelegt, welche Bedeutung die empirischen Ergebnisse im Hinblick auf die Fragestellung der Arbeit und die Hypothesen haben; die einzelnen Resultate werden hier erläutert und hinsichtlich ihrer Bedeutung bewertet.

Bei theoretischen Arbeiten ist die inhaltliche Strukturierung des Hauptteils stark vom Thema und von der Fragestellung abhängig. Eine Gliederung, die auf alle Arten von Arbeiten anwendbar ist, können wir Ihnen, angesichts der Vielzahl möglicher Themen und Fragestellungen, nicht anbieten. Folgende Strukturierungsmuster sind für die einzelnen Kapitel des Hauptteils denkbar:
- bei Theorievergleichen nach unterschiedlichen theoretischen Ansätzen
- nach thematischen Teilaspekten des Hauptthemas
- nach dem Muster These – Antithese – Synthese
- bei historischen Abläufen chronologisch

Material strukturieren

Grundsätzlich sollten die einzelnen Kapitel problembezogen auf die zentrale Forschungsfrage ausgerichtet sein. Unabhängig vom gewählten Strukturierungsprinzip muss der Hauptteil einer theoretischen Arbeit folgende Elemente enthalten:
- Darstellung relevanter Theorien und Konzepte aus der Forschungsliteratur,
- Grundbegriffe (wissenschaftliche Definitionen, Abgrenzungen untereinander und Beziehungen zueinander),
- Prämissen und Haupthypothesen der Theorien und Konzepte, empirische Belege.

Der Schlussteil
Im Schlussteil werden die Erkenntnisse aus den einzelnen Kapiteln des Hauptteils zusammengefasst, verglichen, zueinander in Beziehung gesetzt, diskutiert und im Hinblick auf die Fragestellung der Arbeit abschließend bewertet. Vergleichbar mit der Einleitung, hat auch der Schlussteil der Arbeit eine übergeordnete Funktion, indem hier noch einmal der Gesamtzusammenhang aller Kapitel und Ergebnisse erwähnt wird. Zugleich sollen Sie hier Ihre eigenen Ergebnisse in Beziehung zu bereits vorliegenden empirischen Daten und vorhandenen Theorien setzen und sie einer abschließenden Bewertung unterziehen: Welche neuen Erkenntnisse liefert die Arbeit, und welche Konsequenzen hat dies für das wissenschaftliche Verständnis des Untersuchungsgegenstandes? Ferner können im Schlussteil offene Fragen dargestellt werden im Sinne eines Ausblicks und auf weitere mögliche Fragestellungen.

Funktion und Inhalt des Schlussteils sind für fast jede Form der schriftlichen wissenschaftlichen Arbeit gültig.

> **Aktivität 5-8: Elemente einer wissenschaftlichen Arbeit**
> Ordnen Sie die Textausschnitte in DIGIREP den Grundelementen Einleitung, Hauptteil und Schlussteil zu. Anhand der Formulierungen sollten Sie erkennen können, wohin ein bestimmter Ausschnitt gehört.

Weitere Elemente der wissenschaftlichen Arbeit
Es gibt noch einige weitere Teile, die zu einer schriftlichen Arbeit gehören. Es handelt sich dabei um
- Titelblatt
- Inhaltsverzeichnis
- evtl. Vorwort
- Abbildungsverzeichnis
- Tabellenverzeichnis
- Literaturverzeichnis
- Anhang
- Glossar

Titelblatt, Inhaltsverzeichnis, Abbildungs-, Tabellenverzeichnis und Vorwort werden den drei Kernelementen der schriftlichen Arbeit vorangestellt. Literaturverzeichnis, Anhang und sonstige Teile werden dem Schlussteil »angehängt«. Das Titelblatt und die Verzeichnisse sind obligatorische Teile der Arbeit. Hingegen sind Textteile wie Vorwort oder Anhang oder auch Glossar nicht bei jeder Arbeit erforderlich: Ein Vorwort sollten Sie erst in Ihrer Abschlussarbeit schreiben, und wenn Sie eine fünfseitige Literaturarbeit schreiben, brauchen Sie keine Dokumente im Anhang zu verzeichnen.

Titelblatt oder Deckblatt
Jede schriftliche Arbeit muss ein Titelblatt oder Deckblatt haben. Die Anforderungen an ein Titelblatt können je nach Fakultät und Universität variieren. Auf jeden Fall aber sollten folgende Angaben auf dem Titelblatt zu finden sein:
a. Institution, in der Sie die Arbeit verfassen (Universität, Fachhochschule, Abteilung, Institut),
b. vollständiger Name des Verfassers oder der Verfasserin,
c. vollständiger Titel des Themas der Arbeit,
d. Zweck oder Funktion der Arbeit (Seminararbeit, Lizentiatsarbeit usw.),
e. Ort und Datum der Abgabe.

Material strukturieren

Inhaltsverzeichnis
Im Inhaltsverzeichnis muss der vollständige Inhalt aufgelistet sein. Es entspricht der Gliederung der Arbeit (siehe oben) und verweist auf die Seitenzahlen, auf denen die jeweiligen Kapitel und Unterkapitel zu finden sind.

Literaturverzeichnis
Das Literaturverzeichnis muss alle in der Arbeit benutzten Texte und Quellen wiedergeben. Ein Literaturverzeichnis ist alphabetisch angelegt (für weitere Hinweise siehe Abschnitt 3.7, »Wie dokumentieren?«).

Abbildungsverzeichnis/Tabellenverzeichnis
Abbildungen und Tabellen müssen durchlaufend nummeriert und mit einer aussagekräftigen Überschrift versehen werden. Im Abbildungs- bzw. Tabellenverzeichnis werden die Abbildungen/Tabellen entsprechend mit Nummerierung und Seitenzahl aufgelistet.

Vorwort
Ein Vorwort braucht es nur bei größeren Arbeiten wie bei Abschlussarbeiten oder einer Dissertationen. Allgemein gilt: Das Vorwort ist kein Teil der Arbeit – es sind meist persönliche Anmerkungen, die in einem Vorwort Platz finden, zum Beispiel der Dank an die betreuenden Dozierenden.

Anhang
Bei gewissen Themen ist es von Bedeutung, dass Sie Arbeitsunterlagen, Beweise oder Kopien von Originalen beifügen. Auch Tabellen oder Grafiken können im Anhang aufgelistet werden. Bei Dokumenten kann es sich um Zeitungsausschnitte, Gesetzestexte, Illustrationen, Untersuchungsschemen, Fragebögen, Codebücher oder Protokolle handeln.

Je nach Bedarf können ferner ein Glossar, ein Register oder ein Index der Arbeit angehängt werden.
- Glossar: Wichtige Fachausdrücke werden mit kurzer, treffender Erklärung/Definition vorgestellt.
- Register/Index: Personenregister, Sachregister (nur bei größeren Arbeiten).

Literatur

FRANCK, Norbert (1999): Fit fürs Studium. Erfolgreich reden, lesen, schreiben. München: dtv.

KRUSE, Otto (1999): Keine Angst vor dem leeren Blatt. Ohne Schreibblockaden durchs Studium. Frankfurt a. Main: Campus.

MAIER-RABLER, Ursula et al. (1995): Einführung in das kommunikationswissenschaftliche Arbeiten. 3. Auflage. München: Heller.

Aktivität 5-9: Erstellen einer Gliederung
Erstellen Sie mit Hilfe der Informationen in DIGIREP eine sinnvolle Gliederung zum vorgegeben Thema »Informationskampagnen«.

5.5 Thema darstellen – Rohfassung und Endfassung

5.5.1 Rohfassung

Während Ihrer Vorbereitungen hat sich schon eine Menge an Geschriebenem angesammelt:
- Sie haben sich Notizen zu Ihren Texten gemacht.
- Sie haben den Aufbau der Arbeit bestimmt.
- Sie haben Daten und Fakten sortiert.
- Sie haben ein Exposé geschrieben.

Fügen Sie nun die Bestandteile mit Ihren eigenen Überlegungen und Gedanken zusammen. Otto KRUSE bezeichnet diesen Moment als »wichtigen Einschnitt«, weil Sie von einer »rezipierenden und analysierenden Arbeit zu einer kreativen« übergehen können (KRUSE 1999:228). Schreiben Sie eine Rohfassung mit dem Zweck, Ihre Gedanken, Exzerpte, Zitate und Ideen als Entwurf zu Papier zu bringen. Sie müssen nicht perfekt formulieren, bringen Sie einfach die wesentlichen Aussagen Kapitel für Kapitel zu Papier.

Notieren Sie zu jedem Zitat – auch wenn Sie sich nicht sicher sind, dass Sie es so an dieser Stelle verwenden wollen – die Quelle und die entsprechende Seitenzahl! Sonst kann es Ihnen passieren, dass Sie beim Überarbeiten auf Zitate stoßen, von denen Sie nicht mehr wissen, wo-

Thema darstellen – Rohfassung und Endfassung

her sie stammen (mehr zu den Zitaten finden Sie im folgenden Lernschritt).

Nehmen Sie beim Schreiben eine Erzählhaltung nach folgendem Schema ein: »Erläutern Sie einem fachwissenschaftlich interessierten (nicht zu hoch spezialisierten) Publikum Ihren Gegenstand, und belegen Sie Ihre Äußerungen mit wissenschaftlichem Material« (Kruse 1999:101).

Ordnen Sie die Informationen, die Sie gesammelt, aber auch Ihr eigenes Wissen und die eigenen Überlegungen den zuvor definierten Gliederungspunkten zu. Das Wichtige ist zu diesem Zeitpunkt die Ordnung Ihrer Gedanken zum Thema und das grobe Ausformulieren Ihrer Ideen.

5.5.2 Überarbeitung und Endfassung

Als Nächstes müssen Sie den geschriebenen Text nochmals überarbeiten. Um ehrlich zu sein: Es werden mehrere weitere Durchgänge notwendig sein, um das Geschriebene zu überarbeiten!

Untersuchen Sie Ihre Arbeit auf folgende Aspekte:
- Zusammenhang insgesamt,
- Gliederung,
- Analyse und Fragestellung,
- Grammatik, Rechtschreibung, Formulierungen, Fachausdrücke,
- Zitate.

Gehen Sie folgendermaßen vor:
- Lesen Sie die Arbeit ein erstes Mal schnell durch und achten Sie dabei nur auf die inneren Zusammenhänge.
- Lesen Sie den Text ein zweites Mal langsamer durch und markieren Sie die Lücken, die Sie noch auffüllen müssen, entsprechend Ihrer Gliederung. Schreiben Sie schlüssige Überleitungen für die Kapitel.
- Füllen Sie die Lücken mit neuen oder besseren Argumenten und überprüfen Sie, ob sich Ihr Text um die anfangs entwickelte Fragestellung dreht.
- Überprüfen Sie die verwendeten Zitate: Sind sie dem Inhalt angepasst? Haben Sie die Zitate richtig interpretiert? Haben Sie die

Quellen richtig angegeben? (Siehe dazu im Abschnitt 5.6, »Richtig zitieren«)
- Lesen Sie den Text nun Satz für Satz: überprüfen Sie ihn auf Fehler in Grammatik und Rechtschreibung, auf Richtigkeit der Formulierungen, die Verwendung der korrekten Fachausdrücke und auf sprachliche Angemessenheit.
- Lassen Sie Ihre Arbeit von einer Drittperson lesen und verlangen Sie eine (ehrliche) Kritik.

Checkliste: Wissenschaftlichkeit
Kontrollieren Sie anhand der Vorbereitungsfragen in Tabelle 5-3 sowie der Checkliste in Tabelle 5-5, ob Ihre erstellte Arbeit den gestellten Anforderungen und den Kriterien von Wissenschaftlichkeit entspricht:

Tabelle 5-5 Checkliste: Erfüllt Ihre Arbeit die folgenden Kriterien?

Aufbau, Leserführung	Ist klar erkennbar, was der Text aussagen soll? Sind die einzelnen Elemente logisch angeordnet (Inhaltsverzeichnis)? Wurde das Wichtigste angekündigt (Einleitung)? Wurde das, was angekündigt worden ist, auch behandelt? Stimmt der Aufbau der Arbeit? Wird das Ziel verfolgt, das eingangs mit der Fragestellung gesetzt wurde?	
Methode	Sind die Resultate der Forschung überprüfbar? Ist das Verfahren (die Methode) nachvollziehbar? Sind die Methoden konsequent angewendet worden? Wird das untersucht, was vorgegeben wurde? (Validität) Ist das gewählte Verfahren für die Messung der Daten zuverlässig? (Reliabilität)	
Ergebnisse, Interpretation	Sind die Resultate eindeutig? Sind die gemachten Aussagen eindeutig und verständlich?	
Formales	Sind die herangezogenen Quellen vollständig nachgewiesen und sauber zitiert (Plagiat)? Stimmt die äußere Form des Textes mit dem Inhalt überein? Ist der Text vollständig? Fehlen bestimmte Elemente?	
Verständlichkeit, Klarheit	Ist die Sprache deutlich und klar verständlich (Wissenschaftssprache)?	

5.6 Richtig zitieren

Sie müssen sich beim Schreiben einer Arbeit immer dessen bewusst sein, dass Sie ein eigenes Produkt herstellen. Das Aneinanderreihen von fremden Zitaten – seien Sie auch noch so gut und korrekt angeführt – erfüllt diesen Anspruch nicht. Hingegen sollten Sie versuchen, in Ihrer eigenen Struktur und mit Ihrer eigenen Sprache Bezug zu nehmen auf Quellen, die für Ihr Thema wichtig sind. Dies gestaltet sich zuweilen schwierig. Gehen Sie nach dem Grundsatz vor, dass Zitate dazu dienen sollen, das von Ihnen Geschriebene zu »stützen, einzubetten, zu belegen oder abzusichern« (KRUSE 1999:103).

> **Sie müssen immer die Quelle angeben, wenn Sie:**
>
> - jemanden wörtlich zitieren,
>
> - indirekt Gedanken, Meinungen, Forschungsergebnisse etc. eines anderen Autors oder einer anderen Autorin übernehmen,
>
> - von anderen Personen recherchierte Sachverhalte übernehmen, die nicht als gedankliches Allgemeingut gelten können. (Unter »gedanklichem Allgemeingut« versteht man Tatsachen, die einfach zu ermitteln sind und deshalb nicht belegt werden müssen, wie zum Beispiel der Name des aktuellen amerikanischen Präsidenten. Um hingegen die Zahl der in den Lokalradios arbeitenden Journalistinnen und Journalisten zu ermitteln, wird eine Recherche vorausgesetzt, die dann als Quelle genannt werden muss.)

In Tabelle 5-6 finden Sie drei Formen von Zitaten, die Sie in ihrer schriftlichen Arbeit klar unterscheiden sollten:

Tabelle 5-6
Drei Formen von Zitaten

Form des Zitats	Definition	Beispiel
Direktes Zitat	Wörtliche Übernahme einer Textstelle (selten: eine mündliche Aussage) in den eigenen Text. Diese so genannt direkten Zitate müssen immer in Anführungszeichen gesetzt werden.	»Das demokratische Ideal einer gut informierten Bürgerschaft, die auf der Basis ihres Wissens aktiv und souverän am politischen Meinungsbildungs- und Entscheidungsfindungsprozess teilnimmt, wird seit jeher konterkariert von einer Realität, in der nur ein bestimmter Teil der Bevölkerung diesem Ideal entspricht (...).« (MARR 2005: 77).
Sinngemäßes Zitat (Paraphrase)	Textstelle, die paraphrasiert (d. h. in eigene Worte gefasst) wurde, aber Erkenntnisse oder Meinungen anderer unverfälscht wiedergibt. Indirekte Zitate werden nicht in Anführungszeichen gesetzt und in der Klammer durch ein »vgl.« gekennzeichnet.	... während andere Autorinnen auf die erheblichen Lücken hinweisen, die über das Berufsfeld bestünden (vgl. RÖTTGER 2001:297).
Indirektes Zitieren	Hinweise auf Schriften, in denen ähnliche Aussagen zu finden sind, die aber nicht selber gelesen wurden, sondern nur indirekt (z. B. durch Sekundärliteratur), erschlossen worden sind. Die Kennzeichnung eines Verweises erfolgt durch ein »zit. nach«(zitiert nach). Indirekte Zitate sind möglichst zu vermeiden, denn für wichtige Aussagen sollte man stets die Originalliteratur selber lesen.	THOMAS bezieht sich dabei auf eine Rede des Ministers EVANS', in der dieser das Fernsehen als eine »Höllenmaschine« bezeichnet haben soll (zit. nach THOMAS 1994:17) und verweist auf EVANS' Anmerkung, dies beweise seine »kommunikative Inkompetenz« (EVANS 1924:17, zit. nach THOMAS 1994:18).

Richtig zitieren

Einige Besonderheiten beim Zitieren:
- Zitate im Umfang von ein bis fünf Zeilen werden direkt in den laufenden Text aufgenommen. Längere Zitate sind durch eine Leerzeile vom übrigen Text abzusetzen sowie links und rechts einzurücken.
- Befinden sich innerhalb eines zitierten Textes Anführungszeichen (»...«), so werden diese durch einfache Anführungszeichen (›...‹) ersetzt. Auslassungen in Zitaten sind durch eckige Klammern mit Punkten zu verdeutlichen [...]. Einfügungen in Zitate kommen ebenfalls in eckige Klammern und werden nach einem Schrägstrich mit den eigenen Initialen gekennzeichnet.

Beispiel
Medien zeichnen sich dadurch aus, dass sie anderen gesellschaftlichen Teilsystemen eine »gesellschaftsweit akzeptierte, [...] bekannte Gegenwart [garantieren/ A.E.], von der sie ausgehen können« (LUHMANN 1996:176).

Die Angabe der Quellen sowie das Kennzeichnen von Zitaten sind in der Wissenschaft eine Pflicht! Wenn Sie es versäumen, die Quellen von Aussagen und Zitaten anzugeben, müssen Sie sich den Vorwurf des Plagiats gefallen lassen.

Wir empfehlen Ihnen, sich die »amerikanische Zitierweise«, anzueignen. Sie ist in den Sozialwissenschaften verbreitet und bekannt. Wenn Sie nicht sicher sind, welche Art der Quellenangabe Sie in Ihrem Text verwenden sollen, informieren Sie sich an Ihrem Institut oder bei der Fakultät.

Bei der »amerikanischen Zitierweise« wird die Quelle, aus der das Zitat stammt, in einer Klammer im laufenden Text genannt. In der Klammer müssen der Namen der Autorin/des Autors, das Erscheinungsjahr und die Seitenzahl angegeben werden:

Beispiel
»Selbst Studierende, die ihre Diplomarbeit schreiben, haben oft noch elementare Probleme mit dem Zitieren« (KRUSE 1999:102).

Handelt es sich bei der zitierten Quelle um einen Text mit mehreren Autorinnen/Autoren, so werden bis zu drei namentlich genannt. Ihre Namen werden durch einen Schrägstrich getrennt. Bei vier und mehr Autorinnen/Autoren wird nur der Erste genannt und »et al.« oder »u. a.« (und andere) angegeben.

Beispiel
»In Deutschland beträgt der Anteil der Journalistinnen und Journalisten ohne berufsbezogene Ausbildung 36 Prozent (vgl. ALTMEPPEN/DONGES/ENGELS 1999:141), während es in der Schweiz nur 15 Prozent sind (vgl. MARR u. a. 2001:87).«

Der Autor eines Textes, den man zitieren möchte, kann auch eine Institution oder Organisation sein:

Beispiel
So anerkennt *economiesuisse* beispielsweise in der Medienpolitik die Notwendigkeit einer SRG, um in allen Landesgegenden zwei nationale Fernsehsender ausstrahlen zu können (vgl. economiesuisse 2002:36).

Werden aus dem zitierten Text Hervorhebungen, wie beispielsweise kursive oder halbfettgesetzte Schrift, übernommen, so wird dies in der Quellenangabe durch einen Schrägstrich, gefolgt von »Hervorheb. i. O.« (Hervorhebung im Original) kenntlich gemacht.

Beispiel
(LUHMANN 1996:176/Hervorheb. i. O.)

Fügt man selbst eine Hervorhebung hinzu, ist dies durch einen Schrägstrich und die eigenen Initialien zu kennzeichnen.

Beispiel
Es geht bei LUHMANN ja gerade um die »bekannte Gegenwart« (LUHMANN 1996: 176/Hervorheb. A. E.)

> **Hinweis**
> Jedes Institut, jede Fakultät, teilweise gar jeder Professor hat ein eigenes System der »richtigen Zitierweise«. Wichtig ist für Sie, dass Sie beim Schreiben einer wissenschaftlichen Arbeit die Grundzüge des Zitierens kennen, und diese besagen, dass alle Gedanken, die nicht von Ihnen stammen, gekennzeichnet und nachgewiesen werden müssen. Alles Weitere ist eine Frage der »Zeichensetzung« und lässt sich nicht verallgemeinern – zu groß sind die Unterschiede und unterschiedlichen Gewohnheiten.
> - Achten Sie darauf, dass Sie eine einmal gewählte Zitierweise und Quellenangabe konsequent verwenden.
> - Halten Sie sich an die Vorgaben Ihres Instituts, Ihrer Fakultät, Ihrer Universität.

5.7 Richtig formulieren

Ein oft genanntes Problem beim Verfassen von wissenschaftlichen Arbeiten (nicht nur in der Publizistik- und Kommunikationswissenschaft) ist es, eine angemessene Sprache zu finden. Beim Lesen gewisser Texte kommt es einem vor, als ob wissenschaftlich gleichbedeutend mit unverständlich wäre: Lange Sätze, viele Einschübe, viele Fremdwörter machen die Texte schwer lesbar.

Wissenschaftlich schreiben heißt nicht, möglichst unverständlich und kompliziert zu schreiben. Im Gegenteil: Wer mit einfachen Sätzen einen wissenschaftlichen komplexen Sachverhalt beschreiben kann, schreibt besser als jemand, der sich nicht von den komplizierten Strukturen des Themas lösen kann.

Die Wissenschaftssprache ist eine präzise Sprache, in der viele Wörter eine eindeutige und unmissverständliche Bedeutung haben. Auch viele Fremdwörter gehören natürlich zu diesem Wortschatz. Aus diesem Grund sollen Sie im Laufe Ihres Studiums diese Sprache erlernen und lernen, sie zu verwenden. Das bedeutet, in einer verständlichen Art und Weise eine Sprache anzuwenden und dabei weder auf die Feinheiten dieser Sprache zu verzichten, noch jeglichen Humor und jegliche Lebensfreude aus der Sprache entweichen zu lassen.

Hier geben wir Ihnen einige Tipps, wie Sie eine Sprache entwickeln können, die einfach, verständlich und korrekt zugleich ist:

Formulieren Sie keine zu langen Sätze!
Es kann vorkommen, dass Sie viele Informationen zu einem einzelnen Punkt haben, und dass sie diese Informationen alle miteinander in Verbindung bringen möchten. Schreiben Sie den Satz erst so auf, wie Sie ihn sich ursprünglich vorgestellt haben. Gehen Sie dann zurück und versuchen Sie, mehrere einfache Sätze daraus zu machen. Verwenden Sie immer das gleiche Hauptwort in allen Sätzen und ersetzen Sie es nachträglich durch Synonyme.

Formulieren Sie semantisch richtige Sätze!
Kontrollieren Sie, ob Ihre Sätze semantisch richtig sind: Achten Sie beispielsweise darauf, dass nicht plötzlich »die politische Kommunikation Ansätze entwickelt hat«, sondern, »dass in der politischen Kommunikation Ansätze entwickelt wurden«. Denn die politische Kommunikation kann – im Gegensatz zu Menschen – keine Ansätze entwickeln.

Aktiv statt passiv formulieren!
Viele wissenschaftliche Texte sind im Passiv geschrieben. Das Lesen von Passivkonstruktionen ist oft sehr anstrengend und lenkt vom eigentlichen Inhalt des Textes ab. Versuchen Sie, wenn immer möglich, aktiv zu formulieren.

Fremdwörter und Fachbegriffe am richtigen Ort verwenden!
Die Fachsprache der Publizistik- und Kommunikationswissenschaft ist mit sehr vielen Fremdwörtern durchsetzt. Es gibt viele Situationen, in denen sich Fremdwörter nicht vermeiden lassen. Viele Fremdwörter lassen sich ersetzen. Verwenden Sie nur Fremdwörter, deren Bedeutung Sie kennen, oder schlagen Sie deren Bedeutung im Fremdwörterbuch nach.

Funktionsverben vermeiden!
Wenn man einen wissenschaftlichen Text schreibt, neigt man oft dazu, das Einfache zu vergessen und nur noch das Komplizierte anzuwenden. Dies geschieht auch bei der häufigen Verwendung von Funktionsverben, wie FRANCK sie nennt. Dabei handelt es sich um Ausdrücke wie unter Beweis stellen, statt beweisen, Beachtung schenken statt beachten, in Augenschein nehmen statt betrachten oder untersuchen und die Möglichkeit haben anstelle von können (vgl. FRANCK 1999:125).

Keine Wörter erfinden!
Dass die Publizistik- und Kommunikationswissenschaft ein »Engpassfach« ist, muss jemand erfunden haben. Im Fach Kommunikationswissenschaft gibt es Engpässe. Die Engpässe entstehen dadurch, dass zu viele Studierende von Professoren betreut werden sollten. Der erste Satz kann Ihnen als falsch angezeichnet werden, weil es das Wort »Engpassfach« nicht gibt. Deshalb gilt: Erfinden Sie nicht selbst Wörter, nur weil sie gut klingen.

> **Ich, wir oder man? Welche Person verwenden?**
> Schließlich kommt bei wissenschaftlichen Arbeiten die Frage auf, ob »ich«, »wir« oder »man« angebracht sei. Eine eindeutige Antwort gibt es auf diese Frage nicht. Es gibt unterschiedliche Positionen zu dieser Frage. FRANCK plädiert in seinem Buch *Fit fürs Studium* für die Ich-Form und zitiert gleichzeitig Umberto Eco aus seinem Buch »Wie man eine wissenschaftliche Abschlussarbeit schreibt«, der für die Wir-Form plädiert (vgl. FRANCK 2001:126 ff.).
> Wir empfehlen, möglichst neutral zu formulieren (ohne, ich, wir oder man) und die Ich-Form nur dann zu verwenden, wenn Sie sich bewusst und deutlich von etwas abgrenzen möchten.

Literatur

FRANCK, Norbert (2001): Fit fürs Studium. Erfolgreich reden, lesen, schreiben. 4. Aufl. München: dtv.

KRUSE, Otto (1999): Keine Angst vor dem leeren Blatt. Ohne Schreibblockaden durchs Studium. Frankfurt a. Main: Campus.

5.8 Zusammenfassung

Der Prozess des Schreibens

Das vorangehende Kapitel hat Ihnen ein Instrumentarium zur Verfügung gestellt, mit dem Sie den Prozess des wissenschaftlichen Schreibens erlernen können. Das Schwergewicht in diesem Kapitel lag auf dem Vorbereiten und Strukturieren des Schreibprozesses. Dies aus folgendem Grund: Das Schreiben an sich können Sie nicht durch *eine* Übung lernen. Wissenschaftliches Schreiben können Sie nur durch *learning by doing*, also durch eigenes Schreiben im Laufe des Studiums erlernen. Das Schreiben von wissenschaftlichen Texten – in welcher Form auch immer – braucht viel Übung, und es gibt kein allgemeingültiges Rezept, wie eine gute Arbeit geschrieben wird.

Den Prozess des Schreibens haben wir Ihnen zu Beginn des Kapitels mit Hilfe einer Grafik vorgestellt und zwischendurch immer wieder daran erinnert. Obwohl diese Grafik ein guter Leitfaden für die Erarbeitung eines schriftlichen Werkes ist, so muss das Schema doch den gegebenen Umständen angepasst werden. Anders gesagt: Der Prozess des Schreibens kann nicht in der linearen Form verlaufen, wie wir es in diesem Kapitel darstellen. Sie werden bei Ihrer Arbeit immer wieder an einen Punkt zurückkehren müssen, um von dort weiterzuarbeiten.

Oder Sie werden einzelne Schritte überspringen können, wenn Sie bereits mehr Übung im Schreiben haben.

Was Sie in diesem Kapitel gelernt haben, sind die Voraussetzungen für gutes Schreiben. Zu diesen Voraussetzungen gehören »technische« Aspekte wie das Erkennen von Textsorten, das Strukturieren von Material, das Verstehen des Aufbaus oder die richtige Anwendung von Zitaten. Es gehört aber auch dazu, dass Sie wissen, auf welchem Weg Sie sich bewegen sollen, um Ihre Fragestellung festzulegen und Ihr Thema einzugrenzen. (Mehr dazu erfahren Sie übrigens in Kapitel 2, »Themen und Theorien«.) Diese Voraussetzungen bilden das Gerüst, das Sie zuerst aufbauen und um das herum Sie den gesamten Text bilden.

Was wir Ihnen hier nicht vermitteln können und was Ihnen auch niemand abnehmen kann, ist, die Schreib*arbei*t zu leisten. Das müssen Sie selbst tun und dabei herausfinden, wie es für Sie am besten klappt. Den Prozess des Schreibens müssen Sie für sich vielleicht teilweise neu definieren und den Ablauf finden, der die Arbeit für Sie am leichtesten macht.

> **Aktivität 5-10: Probleme bewältigen**
> Manchmal ist es auch ein guter Weg, ein Problem, wie das Schreiben einer wissenschaftlichen Arbeit, von der etwas »lockereren« Seite anzupacken. Wie Sie dies tun können, ohne Ihr Ziel – Ihre schriftliche Arbeit – aus den Augen zu verlieren, erzählt Ihnen Prof. Dr. Jarren vom IPMZ der Universität Zürich im folgenden Kurzfilm.

6 Reden und Präsentieren

6.1 Einleitung

6.1.1 Eine Rede ist keine Schreibe

Rede, Argumentation und Kommunikation spielen im Studium eine sehr wichtige Rolle. Die mündliche Vermittlung von Inhalten ist ein entscheidendes Qualifikationsmerkmal für Studierende. Eine Rede halten bedeutet nicht immer, vor einem großen Publikum zu stehen und etwas zu präsentieren. Es ist auch wichtig, dass Sie als Studierende die freie Rede in einer Gruppenarbeit, im Seminar, in Form von Diskussionsbeiträgen oder eines Referates beherrschen, denn diese Fähigkeit ist eine wichtige Voraussetzung für eine aktive und konstruktive Mitarbeit im Seminar (vgl. Buss u. a. 1994:160). Eine mündliche Präsentation unterscheidet sich von anderen Darstellungsformen darin, dass der wissenschaftliche Vermittlungsprozess durch den Einsatz von so genannten *personalen Medien*, wie zum Beispiel der äußeren Erscheinung des Vortragenden, der Stimmintonation, der Mimik und der Gestik beeinflusst werden. Neben solchen *rhetorischen Mitteln* muss natürlich der Inhalt, d. h. die thematische Botschaft, richtig gewichtet und müssen Visualisierungstechniken sinnvoll eingesetzt werden. All dies soll innerhalb der vorgegebenen Zeit geschehen und im Einklang mit den anwesenden *Zuhörern und der entsprechenden Situation* stehen.

Das folgende Kapitel liefert Ihnen das nötige Instrumentarium, um einen Vortrag an der Universität (z. B. in einem Seminar) vorzubereiten und durchzuführen. Die Tabelle 6-1 soll Ihnen einen Überblick über den hier vermittelten Stoff liefern.

In der Zusammenfassung des Kapitels befindet sich eine Checkliste, die Sie jederzeit, wenn sie einen Vortrag oder eine Rede halten müssen, heranziehen können.

6.1.2 Aufbau des Kapitels

Tabelle 6-1
Aufbau des Kapitels Reden und Präsentieren

Abschnitt	Lernschritte
Grundlagen des Präsentierens	Klar und einfach reden Aufbau und Struktur einer Präsentation An die Zuhörenden denken
Vortrags- und Präsentationstechniken	Vorlesen oder frei sprechen? Herstellen des Manuskripts Letzte Vorbereitungen
Visualisierungsmedien und -techniken	Visualisieren: Weshalb, was und wie?
Die »Bühnensituation«	Lampenfieber: Was tun?
Rhetorik	Rhetorik als Kunst und Technik: 1. Atem- und Stimmtraining 2. Sprechweise 3. Körpersprache/Körperausdruck
Fragen- und Diskussionsrunden	Umgang mit Fragen aus dem Publikum Diskussionen führen

6.1.3 Arbeitsschritte des wissenschaftlichen Vortrages

Um ein Thema gründlich vorzubereiten und anschließend auch überzeugend vorzutragen, sind folgende Schritte durchzuführen (siehe Tabelle 6-2):

Vorbereitung
In die Vorbereitungsphase des wissenschaftlichen Vortrages fällt das Sammeln, Auswählen und Gliedern des Stoffes sowie das Schreiben einer ersten Vortragsfassung. Diese vier Schritte werden hier nicht erklärt, da sie ausführlich in den vorangehenden Kapiteln behandelt wurden.

Einleitung

		Tabelle 6-2
1. Stoffsammlung (siehe Kapitel 3, »Literaturrecherche«)	Die Stoffsammlung erfolgt wie bei einer schriftlichen Arbeit (siehe Kapitel 3, »Literaturrecherche«) und besteht im Wesentlichen aus einem Literaturstudium.	Arbeitsschritte des wissenschaftlichen Vortrages (Quelle: In Anlehnung an BUSS u. a. 1994:168f)
2. Stoffauswahl (siehe Kapitel 4, »Lesen«, und 2, »Themen und Theorien«)	Die Stoffauswahl ist zugleich auch Stoffauswertung, das heißt, Vortragsziel und Hauptgedanken stehen ständig im Mittelpunkt der Selektionsarbeit. Dabei ist schon vor der eigentlichen Gliederung stets auf die Verknüpfungsgesichtspunkte und Zusammenhänge zu achten, um das Wesentliche vom Unwesentlichen zu trennen.	
3. Stoffgliederung (siehe Kapitel 5, »Schreiben«)	Die Grundgliederung bildet die Voraussetzung für das Gelingen eines Vortrags. Beim Gliedern und Disponieren muss der Vortrag einen erkennbaren roten Faden erhalten.	
4. Erste Fassung (siehe Kapitel 5, »Schreiben«)	Die erste Fassung (meist in Stichworten) dient dazu, Schlüsselbegriffe herauszuarbeiten. Alle wichtigen Gesichtspunkte des Vortrages werden notiert.	
5. Einleitung und Schluss siehe Abschnitt »Vortrag vorbereiten« in diesem Kapitel	Einleitung und Zusammenfassung (Schluss) werden erst formuliert, wenn der Hauptteil steht, damit sie sich nahtlos in das inhaltliche Gefüge einbinden lassen. Wegen der besonderen Bedeutung von Einleitung und Schluss für einen Vortrag werden sie normalerweise schriftlich ausformuliert.	
6. Manuskripterarbeitung siehe Abschnitte »Vortrags- und Präsentationstechniken« in diesem Kapitel	Für ein Referat müssen alle Arbeitsschritte vollzogen werden, die auch für eine schriftliche Arbeit notwendig sind (vgl. Kapitel 5, »Schreiben«). Das Herstellen des Manuskripts ist jedoch ein Schritt für sich und kann auf unterschiedliche Weisen erfolgen: ausgearbeitetes Manuskript, Stichwortmanuskript, Mindmap.	
7. Gesamtkontrolle	Im Zuge der abschließenden Gesamtkontrolle überprüft man noch einmal, ob durch eine Änderung des Aufbaus der Inhalt besser zur Geltung kommt.	

Fortsetzung der Tabelle auf der folgenden Seite

8. Endgültige Fassung	Die zweite Fassung ist die endgültige Fassung. Sie bildet eine präzise, verkürzte und klarere Version der ersten Fassung.
9. Textmeditation	Die Textmeditation dient der gedächtnismäßigen Aneignung des Stoffes. Dabei konzentriert man sich in erster Linie auf das Einprägen des Gliederungsaufbaus und der Kerngedanken.
10. Redeprobe	Der Vortrag sollte mindestens einmal probeweise gehalten werden: entweder vor dem Spiegel oder vor einer anderen Person. Dadurch erhöht man die nötige Vortragssicherheit. Zusätzlich sollte die Zeit genau gestoppt werden, damit das gegebene Zeitfenster nicht überschritten wird.

Literatur

BUSS, Eugen u.a. (1994): Kompendium für das wissenschaftliche Arbeiten in der Soziologie. Heidelberg: Quelle & Meyer (UTB).

MAIER-RABLER, Ursula et al. (1995): Einführung in das kommunikationswissenschaftliche Arbeiten. 3. Auflage. München: Heller.

6.2 Grundlagen des Präsentierens

6.2.1 Klar und einfach reden

Wenn Sie in einer Seminararbeit komplizierte Sätze formulieren, kann die Leserin oder der Leser einen Satz nochmals lesen und zurückblättern. Das geht bei einem Vortrag nicht. Deshalb sollen Sie sich bei der Vorbereitung und Durchführung Ihrer Präsentation besonders um Verständlichkeit bemühen. Das wird auch das Referieren erleichtern, weil Ihnen das freie Sprechen entschieden leichter fallen wird. Die sprachliche Vereinfachung muss auch nicht zur einer inhaltlichen Vereinfachung führen: *Gute Redner können komplexe Zusammenhänge mit sehr einfachen Worten erklären.*

Deshalb sollten Sie die in der Tabelle 6-3 aufgeführten Punkte berücksichtigen, wenn Sie eine Präsentation halten:

Grundlagen des Präsentierens

Kürze/Prägnanz	Versuchen Sie alle Ihre Überlegungen kurz und prägnant zu präsentieren. Der Effekt wird bestimmt positiv sein: Ihre Botschaft wird besser ankommen.	**Tabelle 6-3** Einige Tipps zum verständlich und einfach Reden
Kurze Sätze	Formulieren Sie kurze Sätze. Sätze mit mehr als 25 Worten sind schwer verständlich. Ein durchschnittlicher gesprochener Satz umfasst nur etwa zehn Wörter. Kurze Sätze haben zudem den Vorteil, dass sich Ihr Sprechtempo nicht erhöht, wie es bei langen Sätzen der Fall ist. Ein langsameres Sprechtempo ist immer leichter verständlich als ein schnelles.	
einfache Wörter mit wenig Silben	Einfache Wörter, also diejenigen, die man sofort versteht, haben meistens nur ein bis zwei, im Höchstfall drei Silben (KUHLMANN 1999:75). Einige Beispiele: • schön statt begehrenswert, liebreizend, bemerkenswert • gut statt förderlich, sinnvoll, bahnbrechend • tun statt erledigen, sich beschäftigen • gehen statt flanieren, entlangschlendern	
Verben an den Anfang des Satzes	In der deutschen Schriftsprache rutscht das Verb ganz häufig an den Schluss. Der Sinn eines Satzes wird so oft erst am Schluss, durch das Verb, deutlich. Beim Sprechen sollte man hier korrigierend eingreifen: Fällt das Verb früh, so weiß man gleich, in welche Sinnrichtung der Satz verläuft. Versuchen Sie dies zu berücksichtigen, wenn Sie Ihre Manuskripte vorbereiten.	
Fremdwörter und Abkürzungen vermeiden, Fachbegriffe erklären	Gehen Sie sparsam mit Fremdwörtern um und ärgern Sie Ihr Publikum nicht mit Abkürzungen. Wenn Sie Abkürzungen verwenden, müssen diese auch eingeführt werden. Dies gilt auch für Fachbegriffe: Zu Beginn sollten alle verwendeten Fachausdrücke erklärt werden (Begriffsdefinition).	
Verhältnisse statt Zahlen	Seien Sie zurückhaltend mit Zahlen und Statistiken, denn sie sind ohne schriftliche Vorlage schwieriger zu verstehen. Wenn beispielsweise aus Ihrer Stichprobe von 250 Personen, 150 eine bestimmte Tageszeitung lesen, präsentieren Sie Ihre Resultate mit dem Verhältnis »3/5 oder 60%«	
Wiederholungen statt Synonyme	Die wichtigsten Begriffe sollten im Verlauf der Präsentation nicht wechseln, sondern immer gleich lauten. Wiederholungen sind besser als Synonyme. Als Faustregel gilt: In einem Referat von fünfzehn Minuten sollten Sie das Schlüsselwort nicht öfter als fünfzehn Mal erwähnen (eine Erwähnung pro Minute).	

> **Aktivität 6-1: Einfach sprechen**
> Üben Sie und befolgen Sie die erwähnten Tipps, indem Sie in DIGIREP den NZZ-Artikel zum Uno-Weltgipfel zur Informationsgesellschaft lesen und danach versuchen, ihn innerhalb von zwei Minuten einer anderen Person klar und einfach zu präsentieren.

6.2.2 Strukturieren einer Präsentation

Klar und einfach reden ist die erste Stufe für einen erfolgreichen Vortrag.

Eine gute Präsentation muss aber auch sauber strukturiert werden und einen guten Start und ein gutes, abgerundetes Ende haben.

Im Folgenden geben wir Ihnen einige wichtige Tipps, wie Sie einen Vortrag gut vorbereiten, strukturieren und abrunden und dadurch bei Ihrem Publikum Interesse wecken.

Einleitung, Hauptteil und Schluss
Was für die schriftliche Arbeit gilt, gilt auch für eine mündliche Präsentation (siehe Kapitel 5, »Schreiben«): Gliedern Sie Ihren Vortrag in die drei Blöcke Einleitung, Hauptteil und Schluss:

Tabelle 6-4 Gliederung einer Präsentation (in Anlehnung an KÜNZLER 2002)

Einleitung (ca. 15% der Gesamtzeit)	Dieser Teil hat Türöffnerfunktion mit drei Elementen: • *Kontakt zum Publikum aufbauen:* beispielsweise durch persönliche Begrüßung und Blickkontakt • *Neugierig machen:* unübliche Aktionen im Vortrag einbauen, zum Beispiel Frage stellen, aktuelle Ereignisse/Probleme ansprechen, überraschende Bilder zeigen oder an Bekanntes anknüpfen. • *Orientierung geben:* Spätestens jetzt den Zuhörern Gliederung, Ziele und Nutzen des Vortrages verraten. Erst dann kann die Überleitung zum Hauptteil stattfinden. FRANCK (1999:133) plädiert für einen Vortragseinstieg, der motiviert und orientiert und in vier Schritte gegliedert ist: *Interesse wecken, Ziele erläutern, Überblick geben und gleichzeitig Zusammenhänge herstellen.* Als Aufmerksamkeitswecker gelten beispielsweise ein Zitat oder Motto, eine These, ein Erlebnisbericht, ein aktuelles Ereignis, eine Behauptung, eine rhetorische Frage oder eine Allegorie.

Grundlagen des Präsentierens 173

Hauptteil (ca. 75% der Gesamtzeit)	Der Hauptteil – der Schwerpunkt des Vortrags – besteht idealerweise aus drei bis fünf Unterpunkten. Jeder dieser Unterpunkte kann einen kurzen Minieinstieg und einen Minischluss als verbindende Überleitung haben.
Schluss (ca. 10% der Gesamtzeit)	Am Ende werden die zentralen Aussagen zusammengefasst, der Einstiegsgedanke wird wieder aufgegriffen und eventuell werden Ausblicke eröffnet (etwa in Form von Thesen, welche die anschließende Diskussion animieren sollen).

Bei Zeitmangel während der Präsentation sollten der Einstieg und besonders der Schluss mindestens ansatzweise erhalten bleiben. Allgemein gilt: Das Wichtige nach hinten, das Bekannte nach vorne! Was zuletzt gesagt wird, wirkt am längsten nach. Geben Sie sich deshalb besondere Mühe mit dem Schluss!

Nicht mehr als eine Botschaft
Im Idealfall soll der Vortrag maximal drei Schwerpunkte und eine Botschaft beinhalten. Die Botschaft muss plakativ, einleuchtend und gut merkbar sein. Sie sollte während der Präsentation mehrmals verkündet werden. Der Vortrag muss einen roten Faden haben, der auf ein bestimmtes Ziel hin gerichtet ist.

Ziele nennen
Gehen Sie davon aus, dass Ihre Zuhörerinnen und Zuhörer (die Studierenden) etwas von Ihrem Vortrag lernen wollen und dass sie wissen wollen, wofür und wie Sie das Gehörte später einsetzen können. Sagen Sie ihnen deshalb, welche Ziele Sie warum mit dem Referat verfolgen. Das hilft einzuordnen,
- was Sie vortragen
- die Bedeutung Ihres Referats einzuschätzen sowie
- falschen Erwartungen vorzubeugen (Franck 1999:135).

6.2.3 An die Zuhörenden denken

Was bedeutet es, sich auf das Publikum einzustellen? Stellen Sie sich vor, Sie müssten für Ihr Referat werben, Plakate aufhängen und Flyers verteilen. Sie müssen dabei folgende Fragen für sich beantworten:
- Warum sollte jemand kommen und sich mein Referat zuhören?

- Was ist an meinem Thema interessant?
- Was wird dabei Neues geboten?
- Worin besteht der Vorzug meines Referates gegenüber einem gedruckten Text?

Referate müssen also nicht nur inhaltlich stimmig sein, sondern auch der Situation angemessen: Vorkenntnissen, Interessen und nicht zuletzt der Aufnahmefähigkeit der Zuhörerinnen und Zuhörer sollte in der Vorbereitungsphase Rechnung getragen werden.

Zuhörer- und Situationsanalyse
Damit Sie Ihr Publikum beim Vortragen zum Zuhören motivieren können und Sie sich bei der Präsentation wohl fühlen, ist es ratsam, im Vorfeld eine Zuhörer- und Situationsanalyse durchzuführen. Dabei können Sie folgendermaßen vorgehen:

Tabelle 6-5
Zuhörer- und Situationsanalyse

	Versuchen Sie sich ein Bild vom Publikum zu machen, vor dem Sie sprechen werden:
Zuhöreranalyse	• Anzahl der Personen (im Seminar etwa 30, an einer Tagung bis zu 300) • Zusammensetzung des Publikums (Studierende, theorie-/praxisorientiertes Publikum) • Alter des Publikums (Grund-/Hauptstudium) • Ausbildung (Studium, Fachrichtung) • Vorwissen des Publikums
Situationsanalyse	• Welche Redesituation ist zu erwarten? (Raumgröße, Sitzordnung, Aufmerksamkeit der Zuhörer) • Welche Visualisierungstechniken sollen eingesetzt werden? • Eher förmlicher oder informeller Anlass? • Wie viel Zeit steht mir zur Verfügung?

Zeitvorschriften einhalten
Zu lange Vorträge sind beim Publikum sehr unbeliebt: Sie sollten deshalb auf keinen Fall mehr als fünf Minuten über die vereinbarte Zeit hinaus überziehen. Halten Sie sich lieber kurz und reservieren Sie Zeit für Fragen und Diskussionen.

Als Faustregel gilt: Für eine Manuskriptseite mit 3000 Zeichen benötigen Sie ca. drei bis fünf Minuten zum Vortragen. Wenn Sie also nur drei solcher Seiten vorbereitet haben, so wird Ihr Referat zwischen 9 und 15 Minuten dauern.

Bei der Präsentationsvorbereitung sollen Sie auch zeitliche Pufferzonen einplanen und sich überlegen, welche Beispiele und Aspekte bei Zeitmangel allenfalls weggelassen werden können Markieren Sie diese Stellen am Rand des Blattes mit einem bestimmten Zeichen.

Den Vortrag sollten Sie auch deshalb zu Hause mehrmals üben und dabei die Zeit messen.

Handout

In einem Vortrag gibt es oft »Verständnis-Blocker« (FRANCK 1999:147) wie Definitionen, Begriffserklärungen, Fremdwörter, Zahlen, Daten und Fakten. In diesem Fall hilft ein so genanntes Handout: Eine bis maximal drei Seiten mit den wichtigsten Definitionen und Begriffen, Namen, Zahlen, Daten, Tabellen oder Grafiken und Literaturhinweisen. Das Handout sollte alle notwendigen Angaben enthalten, es sollte kurz, knapp und übersichtlich sein, dem Aufbau Ihres Referates folgen und Raum für Notizen lassen. Diese Verständnis- und Lernhilfen erleichtern es dem Publikum, sich auf Ihr Referat zu konzentrieren, sie entlasten es vom Mitschreiben und ermöglichen das Nachlesen. Eine andere Möglichkeit ist, die Papierversion der Power-Point-Präsentation ans Publikum abzugeben – das schadet aber eher der Spannung des Referates!

Literatur

FRANCK, Norbert (1999): Fit fürs Studium. Erfolgreich reden, lesen, schreiben. München: dtv.

KÜNZLER, Matthias (2002): Merkblatt Vortragstechnik. IPMZ, Universität Zürich. Zürich.

KUHLMANN, Martin (1999): Last Minute Programm für Vortrag und Präsentation. Frankfurt a. M.: Campus.

6.3 Vortrags- und Präsentationstechniken

6.3.1 Vorlesen oder frei sprechen?

Wenn Sie eine mündliche Präsentation halten müssen, können Sie sich auf unterschiedliche Art vorbereiten: Eine Möglichkeit besteht darin, den Inhalt vorher genau, das heißt im Wortlaut, niederzuschreiben. Sie können aber auch die wichtigsten Punkte einfach in Stichworten notieren. Die Wahl der Vorbereitungsmethode bestimmt später auch die Art Ihres Vortrages: ob Sie ablesen oder frei sprechen. Dies hängt weitgehend von Ihnen selbst und Ihrer Sicherheit beim Präsentieren ab (vgl. MAIER-RABLER u. a. 1995:190).

Je freier Sie sprechen und je weniger Sie vom Blatt ablesen müssen, desto besser verständlich und abwechslungsreich ist Ihr Vortrag, so viel ist klar. Sie können zudem besser Kontakt mit dem Publikum aufnehmen und laufen nicht Gefahr, zu schnell zu sprechen. Der freie Vortrag erfordert jedoch eine intensivere Vorbereitung, und Probleme wie Sprechhemmung, Lampenfieber usw. stellen zusätzliche Anforderungen.

> **Anfangen**
>
> Für die ersten Vorträge während des Studiums raten wir Ihnen deshalb:
> - Sprechen Sie nicht aus dem Stegreif, lesen Sie aber auch nicht ab.
> - Stützen Sie sich stattdessen auf einen Stichwortzettel. Dieser Zettel muss zunächst sehr umfangreich und übersichtlich sein.
> - Lernen Sie Anfang und Ende der Rede sowie die Übergänge auswendig.

Für ein Referat müssen Sie alle Arbeitsschritte vollziehen, die auch für eine schriftliche Arbeit notwendig sind (vgl. Kapitel 5, »Schreiben«). An einem bestimmten Punkt trennen sich aber die Wege zwischen der schriftlichen Arbeit und der mündlichen Vortragsform: Statt um ein schriftliches Endprodukt geht es um ein »Zwischenergebnis«, ein Vortragsmanuskript. Beim Manuskript gibt es kein »richtig« oder »falsch«: Sie müssen Ihr Manuskript nach Ihren Bedürfnissen und Voraussetzungen gestalten.

Wir erläutern Ihnen hier drei Formen von Manuskripten, die Sie bei Referaten im Studium anwenden können:
- das ausgearbeitete Manuskript

Vortrags- und Präsentationstechniken

- das Stichwortmanuskript
- das Mindmap

Die Manuskriptform ist – wie die Art des Sprechens – abhängig von der Vortragsart, der Vortragssprache, der Erfahrung der Referentin und der Vortragsdauer.

Das ausformulierte Manuskript
Diese Form des Manuskriptes gibt vielen »Laien« oder Anfängern eine gewisse Sicherheit. Wenn Sie sich entscheiden, Ihren ersten Vortrag mit einem ausgearbeiteten Manuskript zu halten, vergessen Sie nicht, dass die gesprochene Schriftsprache sich meist steif anhört und dass lange Sätze, nicht wie auf Papier, wo man sie zwei Mal lesen kann, für die Zuhörenden oft unverständlich bleiben. Bei der Gestaltung Ihres Manuskriptes sollten Sie Folgendes beachten:
- Verwenden Sie DIN-A-4-Blätter.
- Beschriften Sie die Blätter nur einseitig.
- Schreiben Sie groß (z. B. in der Arial bei Schriftgröße 14 und einem Zeilenabstand von 1.5).
- Lassen Sie rechts einen breiten Rand, damit Sie eine Zeile mit einem Blick übersehen können, und auch, damit Sie sich zusätzliche Notizen machen können.
- Heben Sie die einzelnen Gedanken optisch deutlich voneinander ab.
- Dosieren Sie die Hervorhebungen richtig: Wird zu viel hervorgehoben, geht der Strukturierungseffekt verloren.

Sie können in Ihr Manuskript auch Handlungsanweisungen einfügen, die Sie für sich selbst festlegen (z. B. »Folie 1 auflegen«). Weiter ist es ratsam, Hinweise zur Intonation und zur Sprechtechnik einzubauen: unterstrichene Worte betonen oder ein Zeichen („//") für eine Sprechpause einzufügen.

Überlegen Sie sich bereits während der Vorbereitung, welche Passagen weggelassen werden könnten, falls die Zeit während des Vortragens knapp wird. Markieren sie diese mit einem Bleistift auf dem linken Rand des Blattes.

Versuchen Sie bei der Vorbereitung bei wichtigen Stellen (Einleitung, Kernaussage und Schluss) sich vom Manuskript zu lösen und frei zu formulieren. Dies kommt gut an beim Publikum, und Sie gewinnen damit an Souveränität.

> Die Nachteile eines ausgearbeiteten Manuskriptes können grundsätzlich in den folgenden Punkten zusammengefasst werden:
> - Ihr Referat wirkt nicht lebendig.
> - Der Blickkontakt zu den Zuhörenden wird maßgeblich erschwert.
> - Die Versuchung ist groß, durchgängig abzulesen.
> - Beim Ablesen liest man tendenziell zu schnell: Dies überfordert das Publikum.

Das Stichwortmanuskript

Mit einem Stichwortmanuskript können Sie die Nachteile des ausgearbeiteten Manuskriptes vermeiden. Ein Stichwortmanuskript setzt bereits große Sachkenntnisse und etwas Redeerfahrung voraus. Es empfiehlt sich deshalb, ein Referat zuerst wörtlich auszuarbeiten und in einem zweiten Schritt daraus ein Stichwortmanuskript herzustellen. Mischformen sind außerdem durchaus denkbar: So können Sie zum Beispiel gewisse Passagen wie die Einleitung oder Zitate ausführlich aufschreiben, um Unsicherheiten zu vermeiden.

> Bei der Gestaltung Ihres Stichwortmanuskriptes sollten Sie Folgendes beachten
> - Verwenden Sie DIN-A-5-Karteikarten, sie knicken nicht so leicht, knistern nicht und lassen sich gut beschreiben.
> - Beschriften Sie die Karten nur einseitig und schreiben Sie groß und deutlich (nicht mehr als acht Zeilen auf eine Karte).
> - Nummerieren Sie Ihre Karten durch.
> - Verwenden Sie für jeden Hauptpunkt eine neue Karteikarte.

Vergleichen Sie die Vorteile der beiden Manuskriptarten miteinander:

Tabelle 6-6 Vorteile von ausformuliertem Manuskript und Stichwortmanuskript

Vorteile des ausformulierten Manuskripts	Vorteile des Stichwortmanuskripts
- Formulieren ohne Zeitdruck - Aussagen können wörtlich wiederholt werden - Einhalten von Stoff- und Zeitplan - Manuskriptkopie kann abgegeben werden - Gefahr von »Redepannen« wird reduziert	1. mehr Kontakt mit Publikum 2. Flexibilität bezüglich des Zuhörerverhaltens (Präsentation kann angepasst werden) 3. einfache Sprache 4. Sprechpausen können eingelegt werden 5. Spontaneität ist größer

Mindmap

Die Form des Mindmap als Referats-Vorlage hat den großen Vorteil, dass Sie mit nur einem Blatt (DIN-A-4-Blatt) auskommen und das gesamte Thema stets auf einen Blick vor sich haben (vgl. auch zur Mindmap-Technik die Kapitel 4 und 5, »Lesen« und »Schreiben«). Die Struktur Ihres Vortrages ist – anders als beim Stichwortmanuskript – auf einem Mindmap sofort zu erkennen. Wenn Sie beispielsweise in Zeitnot kommen und deshalb einige Punkte Ihrer Argumentation weglassen müssen, so können Sie mit einem Mindmap auf einen Blick sehen, was Sie auslassen können und zu welchem Punkt Sie springen müssen.

In dieser Form des Manuskriptes können zusätzliche Informationen wie zum Beispiel Zahlen, Daten und Zitate auf gesonderten Blättern notiert werden (DIN-A-5-Karteikarten).

> **Aktivität 6-2: Herstellung eines Stichwortmanuskriptes**
> Versuchen Sie, mit den Informationen in DIGIREP ein Stichwortmanuskript herzustellen, das Ihnen erlaubt, über etwa zehn Minuten eine Präsentation zum Thema »Rundfunkregulierung im Wandel des Mediensystems« zu halten. Falls Sie ein eigenes Thema haben, über das Sie referieren wollen, üben Sie es anhand Ihrer eigenen Unterlagen.

6.3.2 Den letzten Schliff geben

Zur Vorbereitung eines Vortrages gehört das Probesprechen: Üben Sie Ihr Referat zum Beispiel vor einem Spiegel, nehmen Sie es auf Tonband oder Video auf, oder halten Sie es vor einer anderen Person. Nur so können Sie thematische Lücken, falsche Formulierungen oder verunglückte Übergänge erkennen. Sie können außerdem überprüfen, wie lange Sie reden und ob Sie die vorgegebene Zeit einhalten oder nicht. Kontrollieren Sie auch, ob Sie verständlich und anschaulich sprechen. Diese erste Sprechprobe ist Grundlage dafür, an der Rede zu feilen, ihr den letzten Schliff zu geben.

Wenn Sie Ihr Referat geglättet haben, sollten Sie eine zweite Sprechprobe anschließen und sich so mit Ihrem Manuskript immer vertrauter machen.

Versuchen Sie, als »Redeanfängerin« oder »Redeanfänger«, Ihren Vortrag eine Woche, bevor Sie ihn halten, abzuschließen und gehen Sie ihn dann jeden Tag noch einmal in Gedanken durch. Versuchen Sie gleichzeitig, davon Abstand zu gewinnen. Spätestens einen halben Tag vor Ihrer Rede sollten Sie die Vorbereitung endgültig abgeschlossen haben.

Literatur

FRANCK, Norbert (1999): Fit fürs Studium. Erfolgreich reden, lesen, schreiben. München: dtv.

MAIER-RABLER, Ursula et al. (1995): Einführung in das kommunikationswissenschaftliche Arbeiten. 3. Auflage. München: Heller.

6.4 Visualisierungsmedien und -techniken

Es ist Ihnen bestimmt schon passiert, dass Sie sich einen Vortrag anhören mussten, von dessen Inhalt Sie nachträglich fast alles vergessen hatten. Andererseits können Sie sich vielleicht gut an die eine oder andere Grafik erinnern, die in einem anderen Referat aufgelegt wurde und anhand deren Sie sich auch an den Inhalt des Vortrages erinnern können.

Werden Visualisierungen wie Grafiken, Bilder oder Filme richtig eingesetzt, so können diese sowohl für den Referenten oder die Referentin als auch für die Zuhörenden eine hilfreiche Stütze sein. Im folgenden Abschnitt geht es darum, zu lernen, weshalb, was und wie in einem wissenschaftlichen Referat visualisiert werden kann.

6.4.1 Visualisierung und Aufnahmefähigkeit

Man kann davon ausgehen, dass sich die Aufnahmefähigkeit des durchschnittlichen Menschen etwa in der folgenden Faustregel fassen lässt:

Tabelle 6-7 Erinnerungsvermögen

Ein Mensch erinnert sich an	
	10% von dem, was er liest
	20% von dem, was er hört
	30% von dem, was er sieht
	50% von dem, was er sieht und hört

Das bedeutet, dass es für die Zuhörenden bei einem Referat auf eine gute Mischung aus Gehörtem (Text) und Gesehenem (Visualisierungen) ankommt.

6.4.2 Weshalb visualisieren?

Weshalb sollen nun gewisse Dinge in der Präsentation visualisiert werden? Durch den Einsatz visueller Medien können Sie Ihren Vortrag wirkungsvoll unterstützen. Sie können nämlich
- komplizierte Sachverhalte vereinfachen,
- komplexe Zusammenhänge veranschaulichen,
- umfangreiche Informationen komprimieren,
- die Wirkung Ihrer Argumente verstärken,
- die Aufmerksamkeit des Publikums erhöhen und erhalten,
- das Publikum einbeziehen und ihm Orientierungshilfen anbieten,
- Wesentliches verdeutlichen,
- das Behalten fördern,
- verschiedene Lernstile berücksichtigen,
- den Lernprozess Ihres Zielpublikums fördern.

6.4.3 Was visualisieren?

Was eignet sich denn nun für die Visualisierung? Grundsätzlich kann nach zwei Prinzipien visualisiert werden:

»Echoprinzip«	Schlüsselsatz, Zitat, Definition, Überschrift, die gleichzeitig akustisch (im Vortrag selbst) behandelt wird (Verdoppelung des Gesagten)	Tabelle 6-8 Prinzipien der Visualisierung
»Reißverschlussprinzip«	Vortrag und Folie zeigen Unterschiedliches, ergänzen sich aber, Folie zeigt zu einer Aussage des Vortrags ein Diagramm, während der Vortrag dazu Hintergrundinformationen liefert	

Visualisieren kann man mit Diagrammen, einer Liste von Stichpunkten, Definitionen, Tabellen und Grafiken oder statischen und bewegten Bilder (mit Video oder Powerpoint).

Folien oder andere Visualisierungsinstrumente werden an gewissen Stellen eingesetzt, um wichtige Aspekte zu betonen, zu veranschaulichen, zu verankern, zu erklären, zu vertiefen oder zusammenzufassen.

6.4.4 Wie visualisieren?

Die Visualisierungsmedien müssen zielgerichtet eingesetzt werden: Überlegen Sie sich deshalb, was Sie visualisieren möchten und weshalb. Fragen Sie sich auch, an welchen Stellen eine Visualisierung notwendig ist und wo sie überflüssig sein könnte.

Für Visualisierungen stehen Ihnen unterschiedliche technische Instrumente zur Verfügung:

Wandtafel oder Whiteboard

Tabelle 6-9
Vor- und Nachteile von Wandtafel oder Whiteboard

Vorteile	Nachteile
• praktisch in allen Hörsälen vorhanden • unabhängig von Strom und Technik • für große und kleine Gruppen geeignet • verlangsamt das Präsentationstempo für eine komplexe Materie • große Schreibfläche • Löschen und Korrigieren jederzeit möglich • ideal für Problemlösungen, Brainstormings, Aktivierungen (Einbezug der Zuhörenden)	• Schreiben ist zeitaufwendig • während des Schreibens kein Augenkontakt zum Publikum • Handschrift ist zum Teil schwer lesbar • Schreiben und Reden zur gleichen Zeit schwierig • Tafelbilder können nicht aufbewahrt werden

Tipps zur Verwendung von Wandtafeln oder Whiteboards

- nur saubere Tafeln verwenden
- genügend groß schreiben und zeichnen
- nur helle Kreiden (bzw. dunkle Stifte) verwenden
- Einsatz vorher planen
- große Tafeln unterteilen
- komplexe Darstellungen vorbereiten

Visualisierungsmedien und -techniken

Flipchart

Vorteile	Nachteile	
• in den meisten Seminarräumen vorhanden • leicht zu verschieben • unabhängig von Strom und Technik • kann vorbereitet werden • Blätter leicht zu transportieren und aufzubewahren • ideal für Brainstormings, Gruppenarbeiten und Inhalte, die länger sichtbar sein sollen	• begrenzte Schreibfläche • während des Schreibens kein Augenkontakt zum Publikum • ungeeignet für große Räume und viel Publikum • Löschen nicht möglich	**Tabelle 6-10** Vor- und Nachteile von Flip-Chart

Tipps zur Verwendung von Flipcharts

- breite Stifte verwenden
- genügend groß und in Druckbuchstaben schreiben
- Gliedern mit Überschriften, Farben, Zeichnungen, grafischen Elementen
- genügend Platz frei lassen für Ergänzungen

Hellraumprojektor (Overheadprojektor)

Vorteile	Nachteile	
• in fast allen Räumen einsetzbar • Blickkontakt mit Publikum möglich • Benützung ohne Stab/Laserpointer möglich • Folien können vorbereitet werden • Ergänzungen jederzeit möglich • Folien können aufbewahrt und wieder verwendet werden • Reihenfolge der Folien leicht änderbar	Liegen oft in der häufig schlechten Anwendung des Mediums: • zu viel Information • zu klein Geschriebenes • zu langer Einsatz des Projektors • zu schneller Wechsel der Folien • zu viele Folien • schlechte Lichtverhältnisse	**Tabelle 6-11** Vor- und Nachteile von Hellraumprojektoren

Tipps zur Verwendung von Hellraumprojektoren

- Abdecken und schrittweises Enthüllen ist nicht zu empfehlen
- vorbereitete Folien ergänzen, verschiedene Folien kombinieren
- nicht im Lichtstrahl des Projektors stehen
- Stift oder Ähnliches als Zeigehilfe benutzen
- Achtung in flachen Räumen: Folien unbedingt quer und weit oben projizieren

Tabelle 6-12
Vor- und Nachteile von Beamern

Beamer

Vorteile	Nachteile
• kurzfristig aktualisierbar • Präsentieren auf Mausklick • alle multimedialen Elemente auf einem Medium • Zugriff aufs Internet	1. je nach Beamer muss Raum verdunkelt werden 2. Abhängigkeit von der Technik 3. zu viele Effekte lenken vom Inhalt ab 4. Flexibilität in der Präsentationsreihenfolge vorgängig planen 5. weitere Nachteile wie beim Hellraumprojektor

Tipps zur Verwendung von Beamern
• »Keep it simple and stupid!« • nur eine Art von Folienübergängen verwenden • zu viele gleichförmige Charts mit gleichen Animationen vermeiden • nächste Folie ankündigen • Notfoliensatz für Hellraumprojektor mitbringen/bereithalten

Gestaltung und Benutzung von Folien
Wenn Sie den Hellraumprojektor mit Klarsichtfolien oder eine Powerpoint-Präsentation benutzen, um Ihren Vortrag zu gestalten, sollten Sie die folgenden Punkte beachten:

Gestaltung
Folien sollten immer im Quer- und nicht im Hochformat beschriftet werden. Achten Sie darauf, dass Sie eine genügend große Schrift wählen: mindestens Arial 24 Punkt. Packen Sie nicht zu viele Informationen auf eine Seite, versuchen Sie stattdessen, pro Folie eine Botschaft zu vermitteln. Verwenden Sie nur einen, höchstens zwei verschiedene Schrifttypen. Sparen Sie mit Farben, Formen und Extras, die vom Inhalt ablenken. Befreien Sie die Folien von überflüssigen Details: Die Mitteilungsabsicht und die Botschaft müssen rasch erfasst werden können, die Zuhörenden sollen nicht an unwesentlichen Details hängen bleiben. Versehen Sie jede Folie mit einer kurzen, treffenden Überschrift. Setzen Sie Markierungen sparsam und konsequent ein, damit sie eine Struktur für das Auge bilden (Aufzählungszeichen). Ein übermäßiger Einsatz von Animationen wirkt störend und lenkt vom Vortrag ab, während ein gut durchdachter Einsatz ein mächtiges Visualisierungsmittel ist.

Visualisierungsmedien und -techniken 185

Benutzung
Oft wird das, was visualisiert wird, zu wenig lang gezeigt oder unzureichend kommentiert. Der Vorgang einer Präsentation mit Folien sollte deshalb ungefähr in der folgenden Reihenfolge ablaufen:
- Kündigen Sie die Folie an.
- Legen Sie die Folie.
- Machen Sie eine Pause (Fünfsekundenregel: stumm zählen).
- Kontrollblick ins Publikum.
- Entschlüsseln Sie die Folie: Bei Diagrammen Koordinaten und Beschriftung erklären, erst dann Diagramm erklären

Hände, Stifte, Laserzeiger oder Zeigestock können bei der Fokussierung der Aufmerksamkeit helfen. Durch Zeigen und Nachfahren mit einem Zeigeinstrument oder durch Markierungen können Sie den Blick der Zuhörenden steuern. Vergessen Sie nicht, von der Folie einen Übergang zum Vortrag herzustellen, indem Sie zum Beispiel in Ruhe den Hellraumprojektor/Beamer abschalten, die Folie weglegen und einen zusammenfassenden Satz formulieren.

Wichtig: Testen Sie die eingesetzten Medien (Hellraumprojektor, Beamer usw.) vor dem Vortrag! Wenn Sie also einen Vortrag in einem unvertrauten Raum halten müssen, erscheinen Sie dort spätestens eine Viertelstunde vor der Präsentation, um die Geräte zu testen.

Die folgende Aktivität zeigt Ihnen, wie man eine Powerpoint-Präsentation richtig erstellt:

> **Aktivität 6-3: Visualisieren**
> Nehmen Sie das Stichwortmanuskript, das Sie vorher zum Thema »Rundfunkregulierung im Wandel des Mediensystems« (oder einem eigenen Thema) entworfen haben, und versuchen Sie nun, auf dieser Grundlage eine Powerpoint-Präsentation (nicht mehr als fünf Folien) herzustellen
> Vergessen Sie dabei nicht, dass dabei keine Multi-Media-Show herauskommen soll, sondern nur die wichtigsten Informationen zum Thema aufgeführt werden müssen.

Literatur

Utelli, Anna-Barbara (2001): Damit einem Hören und Sehen nicht vergehen – Vom Umgang mit Visualisierungsmedien. Arbeitsstelle für Hochschuldidaktik AfH, Zürich.

6.5 Die »Bühnensituation«

Präsentationen, Reden und Vorträge sind für die meisten Menschen keine Alltagssituationen und demzufolge mit einer gewissen Anspannung und Nervosität verbunden. Faktoren wie Fremdheit mit der Situation, den Personen, dem Thema, die Anzahl der anwesenden Gäste, deren Status und Qualifikation, die Beherrschung des Themas und die Bedeutsamkeit der Situation können den Grad der Anspannung und die Nervosität individuell beeinflussen. Die meisten Leute sind, wenn Sie ein Referat vor Publikum halten müssen, angespannt und nervös. Redeangst und die Angst, exponiert, wie auf einer Bühne, vor Publikum zu präsentieren, sind etwas Natürliches. (Fast) jede Person leidet unter »Lampenfieber«, einige mehr als andere.

Redeangst und Redehemmungen sind also nicht vermeidbar, sondern natürliche, aber auch überwindbare Gefühle.

Wie können nun diese unangenehmen Erscheinungen überwunden werden?

Versuchen Sie als Erstes, Ihre innere Einstellung zu kontrollieren:

- Sie brauchen den »anderen« (Studierenden, Professorinnen und Professoren, weiteren Zuhörenden) nichts vorzumachen: Sie sind, wie Sie sind.
- Machen Sie sich vor den Zuhörern weder zu klein (»ich kann es sowieso nicht«), noch zu groß (»ich hab's voll im Griff und bin unglaublich lustig«) zu machen.
- Verlangen Sie nicht zu viel von sich selbst, indem Sie den Maßstab von Anfang an zu hoch ansetzen.

Wenn Sie vor einem Referat körperliche Reaktionen (Unruhe, Schweißausbrüche, Zittern usw.) registrieren, nehmen Sie es hin. Solche Reaktionen sind ein Anzeichen für *Stress*. Verlangen Sie in dieser Situation nicht zu viel von sich; verlangen sie nicht, dass Sie sich wohl fühlen, da dieser Zustand sich nicht herbeizaubern lässt und ein Ergebnis von

Übung und Erfahrung ist. Konzentrieren Sie lieber Ihre Energien auf Ihr Referat.

Die Panik vor der »Bühnesituation« überwindet man stufenweise: Man beginnt mit kleineren Präsentationen in kleinem Kreise (z. B. mit Kommilitoninnen und Kommilitonen oder befreundeten Menschen, Verwandten). Bei größeren Präsentationen beruhigt es immer sehr, wenn ein paar bekannte Gesichter in der ersten Reihe sitzen. Fordern Sie Ihre Freundinnen und Freunde, Kolleginnen und Kollegen dazu auf!

Lampenfieber: Was tun?
Wie kann man nun während einer Präsentation auf Redestörungen reagieren? Welche Maßnahmen gegen Lampenfieber können Sie im Voraus treffen?

Da es keine allgemein gültigen Rezepte gegen Lampenfieber gibt, geht es hier nur darum, einige Tipps und Tricks zu vermitteln – es ist Ihnen letztlich jedoch selbst überlassen, wie Sie mit dem Problem Lampenfieber umgehen können und wollen.

> **Hinweis zum Umgang mit Lampenfieber**
>
> Es geht nicht darum, die Angst zu unterdrücken oder loszuwerden, um dann reden zu können, sondern darum, *trotz* und *mit* der Angst zu sprechen und sie so zugleich mittels Übung und Erfahrung allmählich abzubauen.

Einige Maßnahmen können Sie vorbeugend gegen das Lampenfieber ergreifen:
- Führen Sie eine Generalprobe durch. Bereiten Sie sich gut vor, üben Sie das Referat und wichtige Passagen wörtlich, präsentieren Sie es einer anderen Person.
- Achten Sie darauf, dass Sie einen »roten Faden« in Ihrer Präsentation haben.
- Einstieg: Überlegen Sie sich, was in der Einleitung zu sagen angebracht wäre. Wollen Sie eventuell auf Ihre Nervosität hinweisen? Erwähnen Sie Ihre Situation, in der Sie sich gerade befinden?
- Atmen Sie tief durch, entspannen Sie sich, gönnen Sie sich auch mal wieder etwas Ruhe oder Freizeit.

Diese Maßnahmen können während des Referats angewendet werden:
- Zuerst einmal gilt: Sie müssen immer auf Redestörungen gefasst sein – auch wenn Sie gut vorbereitet sind.
- Bewahren Sie in jedem Fall Ruhe und gehen Sie auf Ihr Problem (Ablenkung, Redestörung, Faden verloren) vor dem Publikum ein.
- Führen Sie den Vortrag nach der Störung möglichst ruhig fort.

Was mache ich wenn …

Tabelle 6-13
Lösungen für Probleme während des Referierens

… ich mitten im Satz steckenbleibe	• letzte Aussage wiederholen • Gesagtes kurz zusammenfassen • den Zuhörenden Zeit für Notizen geben • allenfalls den entfallenen Gedanken weglassen • darauf hinweisen: »Es tut mir leid, jetzt habe ich den Faden verloren.«
… ich einen Satz falsch formuliert habe	• keine »Rettungsversuche« unternehmen • Satz abbrechen • Gedanken neu formulieren • ruhig nochmals formulieren • erklären: »Ich formuliere den Satz neu.«
… wenn mir ein Ausdruck entfallen ist	• Überbrückungssätze formulieren (nur für Geübte!) • humorvoller Kommentar einflechten (nur für Geübte!) • auf das Problem hinweisen: »Mir ist der Ausdruck entfallen.« • auf Hilfe der Zuhörer aufbauen

Literatur

FRANCK, Norbert (1999): Fit fürs Studium. Erfolgreich reden, lesen, schreiben. München: dtv.

STEINBRUCH, Ursula (1994): Redetraining – Abbau von Redeangst. In: Helga KNIGGE-ILLNER/Otto KRUSE (Hrsg.): Studieren mit Lust und Methode. Neue Gruppenkonzepte für Beratung und Lehre. Weinheim: Deutscher Studien Verlag

6.6 Rhetorik und Diskussionen

Zu einer gelungenen Präsentation, zu einem erfolgreichen Vortrag gehört die anschließende Möglichkeit der Diskussion. Geben Sie Ihrem Publikum die Möglichkeit, Fragen zu stellen – auch kritische.
Doch wie geht man mit solch »kritischen Fragen« um?
- Versuchen Sie eine positive Absicht dahinter zu sehen.
- Akzeptieren Sie eine andere Sichtweise zum Thema.
- Entdecken Sie interessante Inputs und neue Perspektiven.

Fundierte und gut gestellte Fragen geben einem die Möglichkeit, die eigene Position zu stärken und die Argumentation genauer darzustellen.

Wenn Sie eine Diskussion leiten, beachten Sie Folgendes:
- Kündigen Sie die Diskussion bereits in der Einleitung Ihres Vortrages an.
- Schreiben Sie mögliche Diskussionspunkte an; bereiten Sie einige Punkte bereits vor.
- Schreiben Sie sich die Reihenfolge der Wortmeldungen auf, damit Sie eine geordnete Diskussion führen können.
- Fixieren Sie gute Ideen und Anstöße aus dem Publikum (für die spätere Überarbeitung des Manuskripts oder als falls eine Verschriftlichung des Vortrages vorgesehen ist).
- Wiederholen Sie gegebenenfalls Fragen sowie zentrale Botschaften.
- Lassen Sie die Gedanken, die in der Diskussion aufgetaucht sind, nicht einfach in der Luft hängen, sondern schließen Sie die Diskussion mit einem Fazit ab.

Was Sie bis jetzt in diesem Kapitel zum Thema »Reden und Präsentieren« gelernt haben, entspricht den Grundvoraussetzungen der mündlichen Präsentation. Es sind dies die unverzichtbaren Elemente, die bei einer Präsentation, insbesondere an der Universität, berücksichtigt werden sollten. Darüber hinaus existiert aber eine Anzahl von zusätzlich hilfreichen Elementen, die Ihre Rede noch attraktiver, effektvoller und einprägsamer gestalten können und die es Ihnen erlauben, selbst aus Ihrem Vortrag für sich einen Gewinn zu erzielen: Einerseits durch die Diskussion Ihrer Standpunkte mit dem Publikum, andererseits durch die Anwendung von rhetorischen Mitteln. Auf den letztgenannten Aspekt kann hier aus Platzgründen nicht weiter eingegangen, wir verweisen auf die Fachliteratur zu Rhetorik.

Literatur
KUHLMANN, Martin (1999): Last Minute Programm für Vortrag und Präsentation. Frankfurt a. M.: Campus.

6.7 Zusammenfassung und Tipps

Abschließend möchten wir noch einmal die wichtigsten Tipps zusammenfassen, die bei einer Präsentation im Rahmen einer wissenschaftlichen Arbeit für Sie hilfreich sein können.

Die Sprechweise
Vier Aspekte sollten Sie bei Ihrer Sprechweise berücksichtigen:
- das Tempo bzw. die Geschwindigkeit des Sprechens,
- die Dynamik oder Lautstärke,
- die Intonation bzw. die Sprechmelodie,
- die Artikulation.

Es gibt kaum festgeschriebene Regeln für die Sprechweise. Letztlich spricht jeder Mensch individuell und persönlich, und dies soll auch so bleiben. Wichtig ist dabei aber, dass die Sprechweise der Situation angemessen ist. Dabei ist zu beachten:

Sprechtempo
Sprechen Sie langsam: 80 bis 100 Wörter pro Minute sind ein guter Richtwert. Ein hastiger Vortrag kann der Qualität eines gut vorbereiteten Manuskriptes schaden, da die Zuhörer Ihren Gedanken nicht folgen können.

Sprechpausen sind dabei mindestens wichtig wie das Sprechen selbst: Sie ermöglichen es Ihnen als Sprechende, Gedanken vorzuformulieren.

Lautstärke
Ein ausgeglichener Lautstärkepegel beim Sprechen ist empfehlenswert, damit Sie bei Ihrem Publikum einen ruhigen und soliden Eindruck

Zusammenfassung und Tipps

hinterlassen. Verwenden Sie Lautstärkespitzen nur dann, wenn Sie emotionales Engagement betonen wollen.

Sprechmelodie
Versuchen Sie sich während Ihrer ganzen Präsentation bei allem Mitteilungswillen eher am Ideal der Monotonie zu orientieren. Halten Sie Ihre Stimme relativ monoton, um dann nur kurz den Sinnkern durch die Stimme besonders zu betonen und somit hervorzuheben.

Artikulation
Viele Redner langweilen ihr Publikum, weil sie undeutlich oder zu leise sprechen. Ein Redner, der seinen Mund kaum öffnet, und der den Eindruck hinterlässt, er hätte eine »schwere Zunge«, lähmt die Aufmerksamkeit des Publikums.

Beachten Sie aber: Nervosität kann einen großen Einfluss auf die Artikulation haben. Nehmen Sie sich deshalb vor, Ihren Mund aufzumachen und so deutlich wie möglich zu sprechen. Versuchen Sie, einen entschiedenen Eindruck zu machen, sprechen Sie nicht nachlässig.

> **Hinweis**
> Ihre Herkunft brauchen Sie in einem Referat nicht zu verleugnen: Eine Klangfärbung, die auf eine bestimmte Herkunft deuten lässt, wirkt in den meisten Fällen noch sympathisch. Verzichten Sie aber in Ihrer Präsentation unbedingt darauf, in Ihrem Dialekt oder in Mundart zu sprechen

Das Atem- und Stimmtraining
Beim Atem- und Stimmtraining geht es darum, sich auch körperlich auf ein Referat vorzubereiten, also Ihre Stimme und Ihr Sprechen zu trainieren. Dass Sie sich während der Präsentation wohl fühlen, ist nämlich nicht nur für Sie, sondern auch für die Zuhörenden wichtig. Wer zum Beispiel fünfzehn Minuten lang einem kurzatmigen Redner mit hektischer Sprechweise zugehört hat, wird hinterher mit großer Wahrscheinlichkeit den Vortragssaal ebenfalls mit leichter Atemnot verlassen.

Die menschliche Stimme wird lauter, wenn der Luftdruck, also der Atemdruck, zunimmt und wenn Mund- und Rachenraum geöffnet werden. Beim Stimmtraining ist die Weitung des Rachenraumes wichtig: Ist unsere Atmung zum Beispiel durch Stress beeinträchtigt, so verändert sich auch die Stimme zum Schlechteren. Für eine Präsentation brauchen wir einen soliden, beständigen Strom der Ausatmung. Unter Stress wird die Atmung in der Regel schneller und flacher – und gerade das Sprechen von längeren Texten wird dann unmöglich. Beim Stimmtraining geht es also zuerst um die Optimierung der Rachenweite und um eine Verbesserung der Atmung und der Atemmuskulatur (vgl. KUHLMANN 1999: 99).

Die Körpersprache
Es gibt nichtsprachliche Signale, die für das Verstehen bzw. das Unterstützen von Reden von großer Hilfe sind: der Körperausdruck. Zum einen ist dies die *Mimik*, also die Bewegungen im Gesicht einer Person, zum Beispiel bei Blickkontakt. Weiter gehört die *Gestik* dazu, worunter man die Bewegungen der Arme und die allgemeine Körperhaltung versteht, und als Letztes das *Proxemik*, die das Verhalten beziehungsweise die Bewegung eines Redners im Raum bezeichnet.

Obwohl Körpersprache etwas »Natürliches« ist, sollte man lernen, damit umzugehen und sie effizient einzusetzen.

Tipps für Präsentationen

- Sprache: langsam sprechen, deutliche Aussprache, sinnvoll betonen.
- Zuhörer möglichst oft anschauen, Blicke auf alle verteilen (es ist wichtig, den Blickkontakt zum Publikum zu halten, da auf diese Weise die Wirkung des Vortrags kontrolliert und überprüft werden kann).
- Immer wieder einige Sekunden Pause machen, um sich zu sammeln und den Zuhörern Zeit für die Aufnahme des Gesagten zu geben.
- Bei Blackout, wenn man den »roten Faden« verliert: sich die Zeit zum Sammeln nehmen.
- Gerade stehen, beide Füße auf dem Boden,
- Beim Ablesen: Manuskript langsam sprechen, in Sinneinheiten sprechen, so dass Zeit bleibt, immer wieder aufzuschauen und Sätze frei zu beginnen.
- Hände in Hüfthöhe, nicht tiefer fallen lassen. Sich mit Händen, nicht mit Ellbogen abstützen.
- Natürlichkeit ist alles!

Zusammenfassung und Tipps

Tipps für die Zuhörermotivation

Mit folgenden Instrumenten können Sie die Motivation Ihres Publikums erhöhen:
- Medieneinsatz (Folien, Flippchart, Poster etc.).
- Dialog pflegen: Zuhörer mit Fragen überraschen, Zuhörer miteinander ins Gespräch bringen, z. B. indem Gelegenheit für Zweiminuten-Diskussion mit Nachbar gegeben wird usw.; Möglichkeit für Fragen geben (zumeist am Schluss des Vortrags).
- Ankern zentraler Aussagen: Schlüsselaussagen veranschaulichen, optisch unterstützen, mit Beispielen arbeiten.
- Methoden: sensorische Markierung (Schrift, Bild oder einen Gegenstand zeigen), emotionale Markierung (über etwas berichten, was stark betroffen macht) und kognitive Markierung (Wiederholung, Ausführung und Erinnerungstechnik, d. h. Eselsbrücke).

In diesem Kapitel haben Sie eine Einführung bekommen, wie man einen Vortrag vorbereiten und durchführen kann. Es folgt nun noch eine Zusammenfassung des Gelernten in Form einer Checkliste. Diese können Sie auch bei Ihrem nächsten Vortrag herbeiziehen.

Übung ist das A und O einer guten Präsentation!

Tabelle 6-14 Checkliste für Referate

Ein Vortrag ist keine Seminararbeit!	• An die Zuhörenden denken und sie zu Teilnehmern machen: • Was möchten sie von Ihnen hören? Welche sind die Erwartungen? • Interesse wecken, Vortrag strukturieren und abrunden; Ziele benennen, klar und einfach reden. • Keep it simple and stupid! • Nicht mehr als eine Botschaft und maximal drei Schwerpunkte! • Zuhörer- sowie Situationsanalyse im Vorfeld durchführen!
Manuskript	• Der Anfänger soll weder aus dem Stegreif sprechen noch ablesen. • Vorteile eines ausformulierten Manuskriptes: Formulieren ohne Zeitdruck, Wörtliche Wiederholbarkeit der Aussage, Einhalten des Stoff- und Zeitplans, Abgabe einer Manuskriptkopie und Reduzierung von Redepannen. • Vorteile eines Stichwortmanuskriptes: Kontakt mit Publikum, Flexibilität bezüglich Zuhörerverhaltens, einfache Sprache, Sprechpausen und Spontaneität. • Zur Vorbereitung eines Vortrages gehört das Probesprechen: Die erste Sprechprobe ist Grundlage dafür, an der Rede zu feilen.

Fortsetzung der Tabelle auf der folgenden Seite

Visualisierungstechniken	• Weshalb, was und wie? • Das Visualisieren von Informationen unterstützt den Lernprozess Ihres Zielpublikums und erleichtert ihm gleichzeitig, das, was Sie vortragen, auch zu behalten. • Visualisiert werden Schlüsselsätze, Zitate, Definitionen, Aufzählungen, Grafiken oder Tabellen. Hilfreich ist auch die Visualisierung der Gliederung des Vortrages. • Die Visualisierungsinstrumente sollen differenziert eingesetzt werden.
Die »Bühnensituation«	• Eine positive innere Einstellung zum Referat entwickeln • Maßnahmen gegen Lampenfieber: Generalprobe (gründlich vorbereiten, Einübung des Referates und wichtige Passagen wörtlich), klarer roter Faden und durchdachter Einstieg, tiefes Durchatmen, kleine Denkpause, Wiederholen der letzten Aussage, sich entspannen, Ruhe und positive Polen suchen, vor dem Referat Kontakte zu einzelnen Personen im Publikum pflegen • Reaktion auf Redestörung: Sie müssen auf Redestörungen gefasst sein; Ruhe bewahren, auf Redestörungen eingehen, Absichten erkennen und auf jedem Fall den Vortrag nach der Störungen ruhig fortsetzen
Rhetorik	• Tritt frisch auf, mach's Maul auf, hör bald auf. (Martin Luther). • Zu beachten: Sprechweise, Sprechtempo, Dynamik, Intonation und Artikulation. • Atem- und Stimmtraining • Relevanz der nichtsprachliche Signale: die Körpersprache
Fragen und Diskussionen	• Ankündigung der Diskussion bereits in der Einleitung Ihres Vortrages • Unmittelbar nach dem Referat: erster Dank an das Publikum für die Aufmerksamkeit • Positive Einstellung zur Diskussion und zum Feedback entwickeln. Das Feedback ist in aller Regel nicht persönlich oder destruktiv gemeint, sondern soll Sie in ihrer wissenschaftlichen Entwicklung weiterbringen. • Diskussionspunkte aufschreiben: ein paar Punkte vorbereiten • Reihenfolge der Wortmeldungen aufschreiben • Gute Ideen fixieren • Fragen gegebenenfalls wiederholen (ebenso zentrale Botschaften) • Mündliches Fazit aus der Diskussion ziehen, • Abschluss der Diskussion klar markieren, je nach Situation nochmals Dank an Publikum und Organisatoren, Verabschiedung

Zusammenfassung und Tipps

Literatur

KUHLMANN, Martin (1999): Last Minute Programm für Vortrag und Präsentation. Frankfurt a. M.: Campus.

KÜNZLER, Matthias (2002): Merkblatt Vortragstechnik. IPMZ, Universität Zürich. Zürich. (Siehe DIGIREP).

MAIER-RABLER, Ursula et al. (1995): Einführung in das kommunikationswissenschaftliche Arbeiten. 3. Auflage. München: Heller.

Sachregister

A
Abbildungsverzeichnis   155
Abhandlung   137
Abstract   72, 127
Aktualität   104
Alltagserfahrung   52
Alltagssprache   26
Alltagswissen   26
Analyse   137
Anhang   155
Annotierte Literaturliste   105
Anschlussfähigkeit   56
Archive   100
Argumentieren   136
Artikulation   191
Atem- und Stimmtraining   191
Aufbau einer wissenschaftlichen Arbeit   Siehe Gliederung
Aufwand   54, 62
Ausblicksfragen   128
Auslegung   137
Aussageformen des wissenschaftlichen Schreibens   135
Aussagenforschung   61

B
Baumdiagramm   124
Beamer   184
Bedienungsanleitung   137
Begründung   71
Bericht   136
Beschreiben   136
Betrachtung   137
Betreuung   146
Bewerten   137
Bibliografie   78

Bibliothek   92, 98
Bibliothekskataloge   94
Bibliothekssystem   99
Bilanzfragen   128
Bindestrich-Wissenschaft   31
Blended Learning   20
Buchformen   77
Buchhandlungen   99

C
Chancen von Themen   63
Communication Research (Fachzeitschrift)   83
Communication Theory (Fachzeitschrift)   86

D
Definition von Begriffen   61
Deutschsprachige Fachzeitschriften   82
DIGIREP (E-Learning-System »Digital Repository of Shareable Objects Introducing to Communication and Media Studies«)   18
Diskussion   188
Distanz beim Lesen   119
Dokumentation der Suchergebnisse   105
Dokumentationsstellen   100

E
Echoprinzip   181
Eindeutigkeit   28, 38, 140
Einleitung   151, 172
Einstiegsfragen   129
E-Learning-System: siehe DIGIREP und Zugang
elektronische Fachzeitschriften   96

Elektronische Kataloge   93
Elektronische Zeitschriftenbibliothek
    der Universitätsbibliothek
    Regensburg   97
Empirische Arbeit   138
Endfassung   156
Enzyklopädie   79
Erfahrungswissen   26
Erörterung   137
Essay   137
European Journal of Communication
    (Fachzeitschrift)   84
European Journal of Communication
    Research (Fachzeitschrift)   83
Evaluation   137
Executive Summary   127
Exegese   137
Expertenbefragung   100
Exposé   148
Exzerpt   137

F
Fachbegriffe   79, 164
Fachlexikon   79
Fachzeitschriften   80, 89
Faktensammlungen   87
Flipchart   183
Flugblatt   137
Flussdiagramm   125
Formalia   38, 142
Forschungsarbeiten   134
Forschungslücke   56
Forschungsstand   58
Fortschritt   26
Fragestellung   59
frei sprechen   176
Fremdwörter   164

G
Gazette (Fachzeitschrift)   84
Geltungsbereich, räumlich und zeit-
    lich   60
Gestik   192
Gliederung   148
Grafische Symbole (Erläuterung der
    Bedeutung in diesem Buch): siehe
    Piktogramme
Gutachten   137

H
Handbuch   79
Handlungsmanual   137
Handout   175
Hauptteil   151, 172
Hausarbeiten   134
Hellraumprojektor
    (Overheadprojektor)   183
Hervorhebungen   120

I
Ich-Form   165
Identifikation   118
Inhaltsverzeichnis   155
Innovation in der Wissenschaft   110
Intensitätsstufen des Lesens   113
Interesse am Thema   55
Interessenschwerpunkte   51
Internet-Quellen   89
Interpretieren   137
Intersubjektivität   28, 38, 140

J
Journal of Communication
    (Fachzeitschrift)   84
Journalistik   31

Sachregister

K
Karlsruher Virtuelle Katalog 97
Karteikarten 93
Klarheit 28
Kolloquium 44
Kommunikationswissenschaft 31
Kommunikatorforschung 61
Kompilieren 136
Kontrastieren 136
Konzentration 46
Konzeptspezifikation 71
Körpersprache 192
Kriterien der Wissenschaftlichkeit 101
Kritik
  textemanent 119
  textimmanent 119
kritische Fragen 36
Kursorisches Lesen 114

L
Lampenfieber 186
Lautstärke 190
Lehrbuch 136
Lesen 39, 111
Leserzahlen 88
Lesevorbereitung 111
Lesezeichen 121
Literaturarbeit 138
Literaturformen 79
Literaturrecherche 39, 73
Literaturtypen 90
Literaturverzeichnis 107, 155

M
Man-Form 165
Manuskript, ausformuliert 177
Media Perspektiven (Fachzeitschrift) 82

Media, Culture & Society
  (Fachzeitschrift) 85
Media-Daten 88
Medien Journal – die Zeitschrift
  für Kommunikationskultur
  (Fachzeitschrift) 83
Medien- und Kommunikationswissensch
  aft (Fachzeitschrift) 82
Medienforschung 61
Medienwissenschaft 31
Medienwissenschaft Schweiz
  (Fachzeitschrift) 81
Methode 28, 34, 56
Mikrofichen, Mikrofilme 94
Mimik 192
Mindmap 124, 179
Monografie 78
Motivation 44

N
Nervosität beim Präsentieren 186

O
Objektivität 25, 38, 140
Öffentliche Kommunikation 32
Öffentlichkeit 28, 33, 34
Online-Datenbanken 100
Operationalisierung 71
Originalität 65
Overheadprojektor: siehe
  Hellraumprojektor

P
Passwort zum E-Learning-System 21
Paradigmenwechsel 26
Paraphrase (siehe auch: Zitat,
  indirektes 126
personale Medien 167

persönliche Betroffenheit 56
Piktogramme (Erläuterung der
  Bedeutung in diesem Buch) 20
Plädoyer 137
Polemik 137
Präsentationstechniken 176
Präsentieren 167
Präzision 28
Primärliteratur 90
Probleme während des Referierens 188
Proseminar 44
Protokoll 136
Proxemik 192
Public Opinion Quarterly
  (Fachzeitschrift) 85
Public Relations Forum
  (Fachzeitschrift) 86
Public Relations Review
  (Fachzeitschrift) 86
Publikumsforschung 61
Publizistik (Fachzeitschrift) 82
Publizistikwissenschaft 31

Q
Qualitätskriterien für wissenschaftliche
  Literatur 101
Qualitätsanspruch 146
Quellen für wissenschaftliche
  Themen 51

R
Rechtfertigungsschrift 137
Redeangst 186
Reden 167
Reißverschlussprinzip 181
Relevanz 104
Reliabilität 140
Rhetorik 189

Richtig formulieren 163
Risiken von Themen 63
Rohfassung 156
Rückblicksfragen 128

S
Sammelband 78
Schilderung 136
Schlagwörter 75
Schlussteil 153
Schneeballsystem (Suchstrategie) 91
Schreiben 39, 131
Schweizer Fachzeitschriften 81
Sekundärliteratur 90
Selbständigkeit 65
Selbstorganisation 47
Selektives Lesen 116
Seminar 43
Seminararbeiten 134
Situationsanalyse 174
soziale Aspekte des Studiums 43
spezifische Fragen 121
Sprechmelodie 191
Sprechtempo 190
Startformalitäten 145
Statistische Informationen 88
Stichwort 75
Stichwortmanuskript 178
Studienordnung 42
Studienplanung 41
Studierendes Lesen 118
Studies in Communication Sciences
  (Fachzeitschrift) 81
Subjektiv-situative Fragen 115
Suchinstrumente 92
Suchstrategien 90
Synonyme 76, 171
Systematik 28, 37, 143

Sachregister

systematische Suche 91
Systematisieren 136

T
Tabellenverzeichnis 155
Teilschritte des wissenschaftlichen
    Arbeitens 40
Termine 145
Textmeditation 170
Textvergleich 136
Thema finden, Themenwahl 51, 145
Theorie: Definitionen 67
Theoriearbeit 139
Theorienpluralismus 68
Theoriewahl 70
Thesenpapier 137
Titelblatt 154
Tradition 110
Traditionswissen 26
transdisziplinäres Fach 31
Tutorat 44
Typen universitärer
    Lehrveranstaltungen 43

U
Übersichtsarbeit 136
Übung 44
Universelle Fragen 115
Untersuchungsziel 60

V
Validität 140
Verbundkataloge 94
Vergleichen 136
Visualisierungsmedien 180
Vollständigkeit 28, 38, 141
Vorbereitungsfragen 145
Vorlesen 180

Vorlesung 43
Vorschreiben 137
Vorwort 155

W
Wahrheit 28
Wandtafel 182
Web-Buchhandlungen 99
weiße Flecken auf der Landkarte des
    Wissens 110
W-Fragen (was, warum etc.) 121
Whiteboard 182
Wir-Form 165
Wirkungsforschung 61
Wissenschaft 23
Wissenschaft als soziales System 41
Wissenschaftliche Unzulänglichkeit 144
Wissenschaftliches Wissen 26
Wissenschaftlichkeit 101, 158
Wissenschaftssprache 26

Z
Zahlen- und Faktensammlungen 87
Zeitaufwand pro Manuskriptseite 174
Zeitmanagement 44
Zeitplan 63
Zeitvorschriften bei Präsentationen 174
Zettelkästen 94
Zitat 126
    direkt 160
    indirektes 160
    sinngemäßes 160
Zitierweise 107
Zugang zum E-Learning-System 21
Zuhöreranalyse 174
Zuhörermotivation 193

Hauptthema Medien/Publizistik

Heinz Bonfadelli / Otfried Jarren / Gabriele Siegert (Hrsg.)

Einführung in die Publizistikwissenschaft

Uni-Taschenbücher (Haupt bei UTB) –
mittlere Reihe. Band 2170
2., vollständig überarbeitete Auflage 2005.
IX + 619 Seiten, 86 Abbildungen, kartoniert
CHF 38.50 / € 21.90
ISBN 3-8252-2170-9

Eine systematische Einführung in das gesamte Fachgebiet der Publizistik- und Kommunikationswissenschaft. Das Buch ist aus dem Lehrangebot am IPMZ – Institut für Publizistikwissenschaft und Medienforschung der Universität Zürich herausgewachsen. Die in sechs Kapiteln strukturierten Beiträge vermitteln Basiskenntnisse zu allen relevanten Themen und analysieren jüngste Entwicklungen in den Bereichen Medien und Öffentlichkeit.

: Haupt **Haupt Verlag** Bern·Stuttgart·Wien
verlag@haupt.ch·www.haupt.ch

Hauptthema Didaktik

Damian Miller (Hrsg.)
E-Learning
Eine multiperspektivische
Standortbestimmung

2005. 367 Seiten, 30 Abb., 5 Tab., kartoniert
CHF 52.– / € 34.50
ISBN 3-258-06898-4

Diese Publikation wirft aus unterschiedlichsten Perspektiven einen Blick auf das Phänomen E-Learning und bezieht insbesondere auch die Sicht der Lernenden als direkt Betroffene mit ein.
Die Integration der modernen Informations- und Kommunikationstechnologien (IKT) in den Bildungsorganisationen hat höchste Erwartungen, da und dort aber auch schlimmste Befürchtungen geweckt. Während die einen von einer kopernikanischen Wende sprachen, prophezeiten andere bereits den Untergang der abendländischen Bildung und Kultur. Die Pioniere des E-Learning waren eher technischorientiert, in den letzten Jahren haben sich nun vermehrt auch die Pädagogen und Didaktiker des Themas angenommen und mit E-Learning Erfahrungen gesammelt. Inzwischen dürften die Anfangseuphorie der Befürworter und die Endzeitstimmung unter den Kritikern etwas abgeflacht sein – und so ist der Augenblick für eine kritische Zwischenbilanz günstig. Dabei ist zu bedenken, dass Lehr-Lern-Prozesse sich nicht auf die didaktisch-methodisch gestalteten Lernarrangements reduzieren lassen. Viele weitere Einflüsse wollen umsichtig und sorgsam bedacht werden. Fragen der Philosophie und der Allgemeinen Pädagogik müssen ebenso berücksichtigt werden wie Themen der Soziologie, Didaktik, Neuropsychologie, Organisationslehre, Ökonomie und der Bildungspolitik. In einem ganz besonderen Masse sind die Aktivitäten und Erfahrungen der Lernenden einzubeziehen.

Mit Beiträgen von Jürg Aeppli, Thomas Buchheim, Ernst Buschor, Joël Luc Cachelin, Nicola Döring, Dieter Euler, Franziska Fellenberg, Silvia García Küchler, Hans Geser, Katharina Glatz, Béatrice Hasler, René Hirsig, Sergio Hoein, Lutz Jäncke, Dieter Kern, Michael Kerres, Nicolai Kozakiewicz, Little Mela, Ivo Alexis Meyer, Damian Miller, Daniel Niedermayer, Jürgen Oelkers, Camilla Palmieri, Rudi Palmieri, Dominik Petko, Kurt Reusser, Hans Peter Rohr, Thomas Rothenfluh, Christian Sengstag, Claudia Stahel und Karl Wilbers.

: Haupt Haupt Verlag Bern · Stuttgart · Wien
verlag@haupt.ch · www.haupt.ch

Hauptthema Medien/Publizistik

Manfred Bruhn/Werner Wunderlich (Hrsg.)
Medium Gerücht
Studien zu Theorie und Praxis
einer kollektiven Kommunikationsform

Facetten der Medienkultur. Band 5
2004. 459 Seiten, 5 Schaubilder, 11 Abb., 4 Tab.,
kartoniert
CHF 58.– / € 38.50
ISBN 3-258-06650-7

Immer schon und immer noch «medialisiert» das Gerücht Begebenheiten und liefert Erklärungen für unbegreifliche Sachverhalte und rätselhafte Vorgänge. Von der Antike bis heute beunruhigen und verstören Gerüchte mit ihren unbestätigten Informationen die Menschen oder geben ihnen als willkommene Nachrichten in Krisensituationen vielleicht auch scheinbare Sicherheit.

Aus verschiedenen theoretischen Perspektiven erklären die Autorinnen und Autoren dieses Bandes Begriffe, Formen und Strukturen des «Mediums Gerücht» und stellen sowohl historische als auch aktuelle Beispiele vor. Die einzelnen Studien beschreiben und reflektieren in allgemein verständlicher Form unter medienwissenschaftlichen, kommunikationstheoretischen, soziologischen, kulturgeschichtlichen, juristischen und wirtschaftswissenschaftlichen Aspekten Gerüchte auf Märkten, in Unternehmen und Organisationsprozessen sowie «Gerüchteküchen» der Erzähltradition, der Legendenbildung, der Propaganda und des Boulevards.

Mit Beiträgen von Manfred Bruhn, Werner Wunderlich, Christel Brüggenbrock, Herbert Burkert, Thomas S. Eberle, José Gomez, Anette Grasshoff, Peter Harms, Eckhard Jesse, Jean-Noël Kapferer, Kay Kirchmann, Iris Mallmann, Mario Paul, Manfred Piwinger, Siegfried Schick, Christine Shojaei Kawan, Friedrich Thießen

: Haupt Haupt Verlag Bern·Stuttgart·Wien
verlag@haupt.ch·www.haupt.ch

Hauptthema Medien/Publizistik

Vincent Kaufmann (Hrsg.)

Medien und nationale Kulturen

Deutsch von Jacqueline Dougoud und Gérard Mayer

Facetten der Medienkultur. Band 4
2004. 235 Seiten, 9 Abbildungen s/w, kartoniert
CHF 48.– / € 32.–
ISBN 3-258-06538-1

Die modernen nationalen Kulturen waren nicht immer schon da, und sie sind auch keineswegs »natürlich«, allem Anschein zum Trotz. Es ist aus diesem Grund durchaus denkbar, dass sie in absehbarer Zukunft der (kulturellen) Globalisierung zum Opfer fallen könnten.
Aber in welcher Medienumwelt sind die nationalen Kulturen überhaupt entstanden? Die in diesem Band versammelten Beiträge – die meisten aus dem Französischen übersetzt – erläutern diese Fragen am Beispiel der nationalen Sprachen, des Museums, der Post, des historischen Romans, der Philologie, des Films usw. Zugleich wird auch verständlich, was genau verschwinden würde, wenn es die nationalen Kulturen dereinst nicht mehr gäbe.

Mit Beiträgen von Catherine Bertho-Lavenir, R. Howard Bloch, Régis Debray, Vinzenz Hediger und Alexandra Schneider, Vincent Kaufmann, Jacques und Mona Ozouf, Edouard Pommier, Anne-Marie Thiesse und Odon Vallet.

: Haupt Haupt Verlag Bern·Stuttgart·Wien
verlag@haupt.ch·www.haupt.ch

Hauptthema Medien/Publizistik

Régis Debray
Einführung in die Mediologie

Facetten der Medienkultur. Band 3
2003. 256 Seiten, kartoniert
48.– / € 29.90
ISBN 3-258-06577-2

Die Mediologie, von Régis Debray begründet und in Frankreich bereits als interdisziplinäre, kulturwissenschaftliche Richtung etabliert, analysiert die Vermittlungen, mit denen Ideen in Kraft gesetzt werden und über die Jahrhunderte wirken. Die Mediologie unterscheidet sich also von einer allgemeinen Soziologie der Medien und von verwandten Disziplinen (Kommunikationstheorie, Semiotik usw.). Sie besteht in der historischen und systematischen Untersuchung der Interaktionen zwischen Technik und Kultur. Die Mediologie konzentriert sich auf die symbolischen Effekte der technischen Innovationen - insbesondere auch auf deren politischen Effekte – sowie auf das kulturelle Umfeld, in dem technologischer Wandel möglich ist. Ihr Objekt ist nicht die Kommunikation, sondern die Vermittlung als grundsätzliche Dimension jeder Kultur. In diesem Sinne kann sie sich ebenso gut mit dem Ursprung des Christentums wie mit den kulturellen Konsequenzen des Internets befassen, aber auch mit Schrift, Druck, Kunst, Literatur, Transportsystemen, Archivierungstechniken, politischen Organisationen, Institutionen usw.
Debrays Einführung fasst nun die wichtigsten inhaltlichen Ergebnisse früherer Publikationen zur Mediologie in einer leicht zugänglichen Form zusammen. Die Originalpublikation erschien bei Presses Universitaires de France.

Haupt Haupt Verlag Bern·Stuttgart·Wien
verlag@haupt.ch·www.haupt.ch

Hauptthema Medien/Publizistik

Ulrich Schmid (Hrsg.)
Russische Medientheorien
Aus dem Russischen
von Franziska Stöcklin

Facetten der Medienkultur. Band 6
2005. 378 Seiten, 12 s/w Abbildungen,
16 Grafiken und Tabellen, kartoniert
CHF 48.– / € 32.–
ISBN 3-258-06762-7

Nach dem Zusammenbruch der Sowjetunion hat sich die medienwissenschaftliche Theoriebildung in Russland sehr schnell entwickelt. Vor allem der Zusammenhang zwischen Medien und politischer Macht, aber auch soziologische oder kunstwissenschaftliche Aspekte der medialen Repräsentation von Wirklichkeit wurden eingehend untersucht. Dabei haben russische Intellektuelle interessante Denkmodelle entworfen, die jedoch im westlichen Kulturraum weitgehend unbekannt geblieben sind. Im Zentrum der Aufmerksamkeit stehen Probleme wie die Erweiterung des Textbegriffs auf nicht schriftgebundene Repräsentationssysteme, die Übersetzbarkeit von Inhalten zwischen verschiedenen Medien, die Mediatisierung der Politik und ihre Technologien, die Informationsexplosion und damit verbundene Konsequenzen für das kulturelle Gedächtnis. Der vorliegende Band bietet eine wissenschaftshistorische Einleitung in die Entwicklung russischer Medienkonzepte, dokumentiert die wichtigsten Grundlagen und stellt zehn aktuelle Essays von massgeblichen russischen Medientheoretikern vor.

⋮ Haupt Haupt Verlag Bern · Stuttgart · Wien
verlag@haupt.ch · www.haupt.ch